Nachdem bei ihr 1991 Alzheimer festgestellt wurde, gründete Diana Friel McGowin in ihrer Heimatstadt Orlando, Florida, eine Gruppe zur Unterstützung der von dieser Krankheit Betroffenen. Seit ihr Zustand stabil ist, arbeitet sie weiter aktiv in verschiedenen Organisationen, die Alzheimer-Patienten helfen.

Dieses Buch wurde auf chlor- und säurefreiem Papier gedruckt.

Deutsche Erstausgabe September 1994
© 1994 für die deutschsprachige Ausgabe
Droemersche Verlagsanstalt Th. Knaur Nachf., München
Das Werk einschließlich aller seiner Teile ist urheberrechtlich
geschützt. Jede Verwertung außerhalb der engen Grenzen
des Urheberrechtsgesetzes ist ohne Zustimmung des Verlages
unzulässig und strafbar. Das gilt insbesondere für Vervielfältigungen,
Übersetzungen, Mikroverfilmungen und die Einspeicherung und
Verarbeitung in elektronischen Systemen.
Titel der Originalausgabe »Living in the Labyrinth«
© 1993 Elder Books
© 1993 für das Vor- und Nachwort Elder Books
Originalverlag Delacorte Press, New York
Umschlaggestaltung Schlotterer & Partner, München
Umschlagabbildung The Image Bank/Bonnie Timmous, München
Satz Compusatz, München
Druck und Bindung Ebner Ulm
Printed in Germany
ISBN 3-426-75064-3

5 4 3 2 1

Diana Friel McGowin

Wie in
einem Labyrinth

Leben mit der
Alzheimer-Krankheit

Aus dem Amerikanischen
von Gabriela Schönberger-Klar

In Erinnerung an meine Mutter
Geneva Parrett Friel.

Außerdem widme ich dieses Buch
meinem Leitbild Richard,
Dr. Richard Badessa,
und allen meinen Mitreisenden
auf unserem Weg durch das Labyrinth.
Danke für Eure Begleitung.

Inhalt

Vorwort

Heutzutage ist die Alzheimer-Krankheit einer breiten Öffentlichkeit gut bekannt, und Bücher, die sich aus Sicht betroffener Familien und Experten mit den Auswirkungen dieser Krankheit befassen, gibt es viele. So wertvoll diese Veröffentlichungen auch sein mögen, so sind sie doch immer aus der Perspektive des Pflegenden und nicht des Patienten geschrieben.

Living in the Labyrinth ist nun das erste Buch, das sich aus der Perspektive des Patienten mit der Alzheimer-Krankheit befaßt. Es ist die packende Geschichte von Diana Friel McGowins persönlichem Kampf, ihr Leben wieder in den Griff zu bekommen und sich dagegen zu wehren, von der Krankheit verschlungen zu werden. Sie war noch keine Fünfzig, als McGowin erkennen mußte, daß ihr die Welt, wie sie sie bisher kannte, aus den Händen zu gleiten drohte. Ihr Buch – bis jetzt das erste, das sich mit dem Thema früheinsetzender Alzheimer-Krankheit befaßt – führt uns Schritt für Schritt den Weg entlang, den auch Diana gegangen ist: angefangen bei den ersten harmlosen Symptomen geistiger Verwirrtheit bis hin zu den sich progressiv entwickelnden verschiedenen Stadien körperlichen und geistigen Verfalls. McGowin zeigt uns in ihrem Buch, daß die Diagnose Alzheimer kein Todesurteil darstellt. Die meisten Patienten leben noch Jahre nach dieser Diagnose, und das Fortschreiten der Krankheit ist sehr vom einzelnen Menschen abhängig und verläuft oft nur langsam. Wie die Autorin aufzeigt, gibt es verschiedene Stadien der Alzheimer-Krankheit; das heißt, es gibt Zeiten des Stillstandes, in denen sich die Verluste der individuellen Fähigkeiten auf einem bestimmten Niveau einpendeln, wobei der Zustand des Patienten oft über einen längeren Zeitraum hinweg stabil und unverändert bleibt. Diana befindet sich nun schon seit zwei Jahren in einem solchen Stadium, und ihr Zustand kann sich vielleicht noch Jahre auf diesem Niveau halten.

Das hier vorliegende Buch ist nicht entstanden, um Mitleid zu erregen; im Gegenteil. Dianas Geschichte ist Ausdruck der Hoffnung, daß außer ihr auch noch viele andere Patienten Mechanismen entwickeln werden, um selbst unter diesen veränderten Umständen weiter ein befriedigendes Leben führen zu können. Diana zeigt uns, daß Betroffene trotz der Einschränkungen der Krankheit weiter ihre Familien, Freunde und früheren Interessen genießen können. Und all denjenigen, die in den Pflegeprozeß eingebunden sind, gibt sie die Botschaft mit auf den Weg, daß es vor allen Dingen Liebe, Verständnis und Unterstützung sind, die der Patient in allen Phasen seiner Krankheit am nötigsten braucht.

Living in the Labyrinth stellt einen wahren Meilenstein in der Alzheimer-Literatur dar, auf den Betroffene bereits seit langer Zeit gewartet haben.

Carmel Sheridan, M.A.,
Autor von »Failure-Free Activities
for the Alzheimer's Patient«

Dank

Ich bin zutiefst gerührt und dankbar für jede Geste der Freundschaft und Wertschätzung, die mir so bereitwillig von meiner Familie und besonders von meinen Freunden entgegengebracht wird. Von Freunden, die mich seit Jahren kennen und die mir auch heute noch offen und liebevoll begegnen.

Aus tiefstem Herzen und aus tiefster Seele möchte ich meinem Vater dafür danken, daß er mir das nötige Rückgrat vererbt hat, um die Arbeit an diesem Buch zu vollenden. Meinem Mann danke ich für seine Bemühungen, mich zu unterstützen und mir immer wieder neue Anstöße zu geben, Shaun für seinen Humor, seine Fürsorge und sonstigen »Streicheleinheiten«. Mein Dank gilt weiterhin Lynn und Steve, die immer für mich da sind, Bill und seiner Frau Julie für ihre christliche Anteilnahme – und natürlich Jerome und Steven, die einfach zu mir gehören.

Dieses Buch wäre nie realisiert worden ohne Mary Lou Sprowle, die mir freundschaftlich-schwesterlich zur Seite stand, und Kenneth Fulton, der den eigentlichen Anstoß dazu gab.

Ein besonderer Dank gilt Dr. Robert Thornton, Dr. Thomas Dow und Mrs. Phyllis Dow, L.C.S.W., für ihre Professionalität voller Menschlichkeit und Anteilnahme, weiter Mary Ellen Ort-Marvin und den anderen Mitgliedern des Vorstands der örtlichen Alzheimer-Gesellschaft, die mir den Rücken stärken, während ich versuche, mein Gleichgewicht zu wahren.

Sie alle schließe ich ganz fest in meine Arme.

Einführung

Als ich die Diagnose erhielt, an Alzheimer erkrankt zu sein, sperrte ich mich in ein Zimmer meines abgedunkelten und fest verriegelten Hauses und ging weder ans Telefon noch an die Tür. Auch wenn ich seither ununterbrochen versucht habe, hinter das zu kommen, was mit mir in diesen Jahren geschehen ist, war ich letzten Endes doch nicht auf die Wahrheit vorbereitet, die ich so verzweifelt zu finden hoffte. Sie müssen nämlich wissen, daß ich fest damit gerechnet hatte, man würde mich wieder »hinbekommen«. Doch die Alzheimer-Krankheit ist nicht heilbar; ihr Ausgang zum jetzigen Zeitpunkt ist immer noch tödlich.

Dieses Buch stellt die Chronik meines Kampfes gegen die Alzheimer-Krankheit dar. Es ist, in einfachen Worten geschrieben, so, wie die Dinge eben passiert sind. Ich hoffe, daß dieses Buch anderen Menschen und ihren Familien, die ebenfalls mit diesem verwirrenden Problem konfrontiert sind, von Nutzen sein wird. Es ist zunächst nichts anderes als ein Tatsachenbericht über eine durchschnittliche amerikanische Familie mit ihren typischen Problemen, bis ein bis dahin unbekanntes Problem über sie hereinbricht und Verwirrung, Angst und Sorgen ihren Alltag beherrschen. Das Buch beschreibt die arglosen Irrwege und die erfolgreichen positiven Schritte einer Familie, die sich in einer oft schwierigen und tragischen Situation ohne Wegweiser zurechtfinden muß.

Ich hoffe, daß dieses Buch Patienten und ihren Familien Trost bieten möge und darüber hinaus aufzeigt, wie unverzichtbar die Erhaltung der eigenen Würde für das Überleben des eigenen Selbst ist. Der Alzheimer-Patient verlangt nicht mehr als eine Hand, die die seine hält, ein Herz, das für ihn schlägt, und einen Kopf, der für ihn denkt, wenn er nicht mehr dazu in der Lage ist; er braucht einen Menschen, der ihm schützend zur Seite steht während seiner Reise durch die gefährlichen Windungen und Winkel des Labyrinths dieser Krankheit.

Diese Gedanken müssen jetzt zu Papier gebracht werden. Morgen können sie sich bereits verflüchtigt haben, so wie der Jasmin neben meiner Haustür über Nacht verblüht.

Diana Friel McGowin
Orlando, Florida, 1992

Kapitel 1

Unfreiwilliger
Aufbruch

Ich beeilte mich gerade, die letzten Handgriffe an dem Tisch zu erledigen, auf dem das Büffet aufgebaut werden sollte, als die Uhr im Eßzimmer ihre warnende Kadenz erklingen ließ. Meine frisch verheiratete Tochter Lynn und ihr Mann Lee waren zu Besuch gekommen, und ich hatte meine übrige Familie zu einem Treffen mit kleinem Essen eingeladen. Nervös hakte ich auf einer Liste, die ich in der Tasche meines Overalls stecken hatte und jetzt herausnahm, alle Punkte ab, die die Tischdekoration betrafen. Früher hatte ich einen solchen Merkzettel nie nötig gehabt, doch in der letzten Zeit waren mir immer häufiger kleine Momente der Verwirrung oder auch der Vergeßlichkeit an mir aufgefallen. Das lag wahrscheinlich an dem Streß, den ich meinem hektischen Beruf zu verdanken hatte. Falls es allerdings noch schlimmer werden sollte, wollte ich mich für eine gründliche Untersuchung beim Arzt anmelden, um auszuschließen, daß sich meine früheren gesundheitlichen Probleme mit zu hohem Blutdruck wieder zurückgemeldet hatten. Dabei war ich doch so stolz auf die Tatsache, daß ich meinen Bluthochdruck dank einer Umstellung meiner Ernährung und mehr Bewegung so gut in den Griff bekommen hatte. Der kleine Schlaganfall vor ein paar Jahren, den mein Arzt als »transitorisch-ischämische Attacke« oder TIA bezeichnet hatte, war mir Warnung genug gewesen, wenigstens diese bescheidenen Änderungen in meinem Lebensstil zu vollziehen.

Auf dem Tisch war alles zu meiner Zufriedenheit eingedeckt. Also holte ich noch schnell meine Geldbörse aus dem Küchenregal und eilte hinaus zu meinem Wagen. Es war höchste Zeit, das bestellte Essen aus dem Restaurant in der Nähe abzuholen. Ich hatte nämlich beschlossen, bei diesem Familienbüffet etwas zu »mogeln« und die Speisen von auswärts zu beziehen. Denn selbst das Kochen war mir in letzter Zeit eine sehr große Belastung, was wohl damit zu tun hatte, daß ich immer »abwesender« wurde, wie meine Kinder und mein Mann Jack es scherzhaft ausdrückten.

Ich kam genau in dem Moment nach Hause zurück und trug gerade die Platten hinein, als mein Sohn Bill, mein Bruder und deren Familie eintrafen. Gleich danach kam mein Vater mit meiner Stiefmutter, und eine lautstarke Geräuschkulisse aus schnatternden Stimmen, scharrenden Kleinkinderfüßen und dem bei Familientreffen üblichen »Hallo« und »Wie geht's« setzte ein.

Als es dunkel wurde, waren wir alle draußen auf der Veranda versammelt. Starke Flutlichter erhellten den Garten, und an strategisch wichtigen Stellen der Terrasse waren bunte Fackeln plaziert. Wie immer waren die Kinder bei diesem Anblick ganz aus dem Häuschen vor Freude.

Bill, Lynn und der Jüngste unserer Brut, Shaun, amüsierten sich immer noch damit, uns alle mit einem Camcorder auf Video zu bannen. Lynn benötigte dazu noch eine unbespielte Videokassette, und ich lief ins Haus, um eine zu holen.

Als ich zurückkehrte, stolperte ich; die Holzbretter der Veranda schienen mir plötzlich entgegenzukommen und sich wieder zu senken. Ich lehnte mich schnell an die Hauswand, bis ich mein Gleichgewicht wiedererlangt hatte.

»Okay, Schwesterchen, jetzt reicht's! Ab jetzt gibt es keine Cola-Drinks mehr für dich!« meinte mein Bruder im Spaß. »Was ist passiert, Mom? Bist du mit dem Absatz in einer Ritze hängengeblieben?« fragte Lynn.

Ich weiß, daß sich der liebe Gott bestimmt was dabei gedacht hat, als er mir diese Kinder schenkte! Verwirrt lächelte ich Lynn mit einem Kopfnicken zu und gab ihr die leere Kassette. Der Rest des Abends verlief ohne weiteren Zwischenfall für mich, während meine Bekannten und Verwandten sich, dem Gelächter nach zu schließen, offensichtlich prächtig unterhielten und nebenbei noch alle Platten leer räumten. Nachdem unsere Besucher gegangen waren und sich auch Lynn und ihr Mann in das Gästezimmer zurückgezogen hatten, fingen Jack und ich mit dem Aufräumen an. Meine Familie hatte bis auf die Pappteller, Knochen und ein paar Scheiben Knoblauchbrot alles mit großem Appetit verputzt. Ich lächelte zufrieden, überzeugt, daß sie sich alle bestens unterhalten hatten.

Als Jack und ich danach dankbar in unser Bett sanken, wollte er wissen, was es mit diesem »Schwindelanfall« auf der Veranda auf sich gehabt hätte.

»Das war kein Schwindelanfall«, erwiderte ich seufzend. »Ich habe nur kurz den Halt verloren.«

»Mir ist aber aufgefallen, daß du in der letzten Zeit jede Menge solcher kleiner ›Ausfälle‹ hattest. Wann ist eigentlich dein nächster Gesundheits-Check fällig?«

Wortlos wandte ich ihm den Rücken zu. Es war nämlich nicht nur einmal, sondern gleich dreimal an diesem Tag geschehen, daß ich für einen Augenblick mein Gleichgewicht verloren hatte, obwohl mir weder schwindlig noch übel gewesen war. Es war, als ob plötzlich jemand die Erde unter meinen Füßen bewegt hätte, was mich taumeln oder stolpern ließ.

Jack ermahnte mich, gleich am nächsten Tag den Arzt anzu-
rufen und einen Termin für eine Untersuchung zu vereinbaren, »nur so, um ganz sicherzugehen«.

Am nächsten Morgen beluden Lynn und ihr Mann gleich
nach dem Frühstück ihren Wagen. Sie wollten sobald wie
möglich los, um auf ihrer Rückfahrt nach Tennessee der
Hitze Floridas aus dem Weg zu gehen.

Ich mußte mich anstrengen, nicht zu weinen, als das junge
Paar die Auffahrt hinausfuhr. Wie sehnte ich mich nach der
Zeit zurück, als alle Kinder noch zu Hause waren. In ein
paar Jahren würde auch Shaun weg sein; selbst jetzt schon
war sein Leben voller schulischer und sozialer Verpflichtungen, so daß er kaum mehr zu Hause war.

Ich tadelte mich selbst wegen dieses verfrühten Leeren-Nest-
Symptoms, das ich an mir verspürte. Jetzt war es eben soweit.
Die kleinen Gedächtnisaussetzer und gelegentlichen Gleich-
gewichtsprobleme, mit denen ich mich zur Zeit herum-
schlug, waren vermutlich psychosomatischer Natur; die Reaktion einer Frau, der klar wurde, daß sie zwar älter, aber
nicht unbedingt fitter wurde. Schließlich war ich bereits
fünfundvierzig. Da konnte man fast erwarten, daß der Körper die ersten harmlosen Verfallssymptome zeigte.

Eigentlich wollte ich nach Lynns Abfahrt mit meinen üblichen Hausarbeiten anfangen, aber unser Familientreffen hatte mich anscheinend doch etwas mitgenommen. Ich holte
mir also eine Limo und ließ mich in meinem Lieblingssessel
nieder, dankbar, für den Rest der Woche nicht mehr zur
Arbeit gehen zu müssen.

Auf seinem Weg in die Küche kam Shaun an mir vorbei und
blieb kurz stehen.

»Mom, was ist denn los mit dir? Du siehst ja ziemlich fertig
aus«, meinte er verschlafen.

»Spät ins Bett, jede Menge Aufregung, heute früh wieder

raus, um mit deinem Vater zu frühstücken, bevor er zur Arbeit fährt«, antwortete ich.

Shaun lachte verlegen.

Ich warf ihm einen vorwurfsvollen Blick zu. »Was ist daran so lustig?« fragte ich.

»Du, Mom! Du redest, als ob du betrunken oder bekifft wärst! Du scheinst ja wirklich hundemüde zu sein!«

Das Telefon klingelte und verhinderte, daß ich darauf eine Antwort gab. Es war mein Mann, der mich bat, ihm etwas zu essen herzurichten und an seine Arbeitsstelle zu bringen. Er würde mittags nur dreißig Minuten Pause haben, zu wenig Zeit, um in ein Restaurant zu gehen.

Schnell suchte ich alles für ein einfaches Mittagessen zusammen und ging zu meinem Wagen. Ich zögerte einen Moment, da ich nicht gleich wußte, wie ich am geschicktesten meine Handtasche und den Behälter für das Essen auf dem Beifahrersitz abstellen sollte. Nach einigem Hin und Her gelang es mir dann doch, und ich fuhr rückwärts die Auffahrt hinaus. Auf der Fahrt zu Jacks Büro fiel mir ein Einkaufszentrum auf, das mir neu war. Merkwürdig, daß es mir vorher nicht aufgefallen war, ich kam doch so oft diese Straße lang.

In Gedanken versunken, verpaßte ich die Abzweigung, die zu meinem Ziel führte, und brauste noch mehrere Meilen die falsche Straße entlang, ehe ich meinen Irrtum bemerkte. Offensichtlich hatte das neue Einkaufszentrum mich zu sehr abgelenkt, dachte ich, machte kehrt und fuhr den Weg zurück, den ich gekommen war.

Neben der Straße, die zum Büro meines Mannes führte, fiel mir auch noch eine Feuerwache auf, die ebenfalls neu für mich war. Ein guter Orientierungspunkt, um in Zukunft besser die Einfahrt zur Firma zu finden.

Jack sah meinen Wagen bereits kommen und lief mir aus seinem Büro entgegen, um mich zu begrüßen. Er nahm mir sein Mittagessen ab, bedankte sich dafür und lehnte sich noch kurz an den Wagen.

»Jack, wann haben die denn das neue Einkaufszentrum unten an der Kirkman Road gebaut? Komisch, daß ich mich nicht mehr erinnern kann, wann es gebaut wurde, und dabei hat es doch schon offen.«

Jack runzelte besorgt die Stirn und schüttelte den Kopf. Ich fuhr fort: »Außerdem bin ich recht froh um die neue Feuerwache neben der Einfahrt. So kann ich mich besser orientieren.«

Jetzt lachte Jack und schüttelte erneut den Kopf.

»Diana, diese Feuerwache war schon immer da«, meinte er vorwurfsvoll. »Noch bevor mein Büro hier errichtet wurde!«

Plötzlich wurde ich richtig zornig. Ich ließ den Wagen an und startete mit einem Satz, so daß mein Mann überrascht zur Seite sprang.

»Hey! Warum hast du es plötzlich so eilig?« rief er.

Ich trat auf die Bremse und schaute mich verwirrt um. Wo war die Ausfahrt??

»Jack«, fragte ich zitternd, »wie komme ich hier wieder raus?«

Jack schüttelte sich mittlerweile vor Lachen. »Diana, reiß dich doch zusammen! Du hast vielleicht Ideen! ›Neue‹ Einkaufszentren, ›neue‹ Feuerwachen, und jetzt weißt du nicht mehr, wie du von dem Parkplatz herunterkommst!«

Tränen der Enttäuschung traten mir in die Augen, als ich Jack anschrie: »Lach mich nicht aus! Sag mir lieber, wie ich von hier wegkomme!«

Jack verbeugte sich formvollendet und deutete an meinem Wagen vorbei geradeaus auf die Straße hinaus.

Ohne ein weiteres Wort gab ich Gas und fuhr vom Parkplatz. Plötzlich nahm ich Gehupe um mich herum wahr. Ich schaute mich um, aber nichts in dieser Gegend kam mir vertraut vor. Ich stand an einer Kreuzung, und die Ampel zeigte Grün. Hinter mir hupten die Autos ungeduldig, also fuhr ich einfach geradeaus weiter und versuchte mich im Fahren zu orientieren. Ich konnte die Straßenschilder nicht lesen, aber weiter vorne war noch ein größeres Schild, das mir vielleicht sagen würde, wo ich mich befand.

Im Radio lief gerade eines meiner Lieblingslieder. Ich befand mich immer noch in einer Umgebung, die ich nicht kannte, und wieder an einer Kreuzung, dieses Mal auf der Spur zum Rechtsabbiegen eingeordnet. Ich bog ab und entdeckte weiter vorne eine Überführung. Normalerweise waren an diesen Überführungen immer die jeweiligen Straßennamen angegeben. Jetzt würde ich mich wieder zurechtfinden.

Mittlerweile dröhnten die Nachrichten aus dem Radio, und ich erschrak ziemlich, als ich plötzlich feststellte, wie schnell ich überhaupt fuhr. Und wo war die Überführung geblieben? Ich sah mich suchend um und mußte feststellen, daß ich mich mitten auf dem Land befand, mit einem Golfplatz zu meiner Linken. Wo war ich nur hingeraten? Was war mit dem Radio los? Ich drosselte meine Geschwindigkeit und las den Namen des Golfplatzes über der Einfahrt. Er sagte mir nichts. Ich fuhr weiter, Tränen der Frustration rannen mir über das Gesicht. Unbekannte Musik plärrte mir aus dem Radio entgegen. Ringsum waren auch keine Häuser mehr zu sehen. Ich hatte mich hoffnungslos verfahren und hatte keine Ahnung, wie ich wieder nach Hause finden sollte. Plötzlich entdeckte ich ein Schild an einer von Felsen umrahmten Einfahrt: »Turkey Lake Park«. Das erinnerte mich an etwas. War ich hier nicht schon ein paarmal mit meinen Enkelkindern gewesen?

Ich bog in die Einfahrt zum Park ab und hielt am Straßenrand. Mein Körper zitterte vor Angst und unkontrollierbarem Schluchzen. Was geschah mit mir? Im Radio lief gerade ein aufreizend lärmender Werbespot. Ich schaltete entnervt den Apparat aus und versuchte wieder einen klaren Gedanken zu fassen.

Ein paar Meter hinter der Einfahrt befand sich das Gebäude der Parkaufsicht. Zitternd wischte ich über meine Augen, holte tief Luft und versuchte mich so zu beruhigen. Als ich schließlich wieder das Gefühl hatte, etwas sagen zu können, ließ ich den Motor an und fuhr zu der Aufsichtsstation. Der Parkaufseher fragte mich lächelnd, wie er mir helfen könne.

»Ich scheine mich verfahren zu haben«, sagte ich, und es kostete mich große Mühe, meine Stimme trotz meines Zustandes unter Kontrolle zu halten.

»Wo müssen Sie denn hin?« fragte der Aufseher höflich.

Ein Frösteln überfiel mich, als ich feststellte, daß ich mich nicht mehr an den Namen meiner Straße erinnern konnte. Tränen strömten über meine Wangen. Ich wußte nicht mehr, wohin ich wollte.

Der Mann versuchte mit sanfter Stimme meinem Gedächtnis auf die Sprünge zu helfen, als er die Tränen bemerkte.

»Wollen Sie Richtung Orlando oder Windermere?«

»Orlando!« stieß ich erleichtert hervor. Das stimmte. Ich lebte in Orlando. Da war ich mir ganz sicher. Aber wo dort?

»In welchem Teil? Im Osten, im Westen?« fuhr der Parkwächter fort.

Ich spürte, wie mich erneute Panik überfiel, als ich hektisch in meinem Gedächtnis kramte, aber nichts fand. Plötzlich fiel mir ein, daß ich ja schon mal mit meinen Enkeln hier im Park gewesen war. Das hatte doch bestimmt zu bedeuten, daß ich relativ nahe wohnte.

»Wie heißt der nächstgelegene Teil von Orlando?« stammelte ich.

Der Wächter kratzte sich nachdenklich am Kopf.

»Das könnte möglicherweise Pine Hills sein«, meinte er.

»Richtig!« rief ich dankbar aus. Der Name meines Wohnbezirks hatte eine Erinnerung bei mir ausgelöst.

Der Parkwächter erklärte mir anschließend noch, welchen Weg ich außerhalb des Parks einschlagen mußte; ich sollte so lange auf derselben Straße weiterfahren, bis ich an die Kreuzung Colonial Avenue käme. Zu meiner Rechten würde ich dort dann die Einfahrt nach Pine Hills vor mir liegen sehen.

Vorsichtig fuhr ich immer der angegebenen Route entlang und betrachtete prüfend jede Kreuzung, ob es sich auch um die Colonial Avenue handelte oder nicht. Schließlich erreichte ich sie und wandte mich nach rechts, wo ich die Einfahrt zu meinem Wohnviertel erkannte. Die weiteren Straßenzüge, die zu mir nach Hause führten, brachte ich dann problemlos hinter mich.

Kaum daheim angekommen, schossen mir vor lauter Erleichterung erneut Tränen in die Augen. Ich lief durch das ganze Haus, zog überall die Vorhänge zu und überzeugte mich, daß alle Türen abgesperrt waren. Im Schlafzimmer schaute ich zum ersten Mal auf die Uhr. Über vier Stunden war ich weg gewesen. Ich hockte mich auf das Bett, die Arme fest um die Knie geschlungen.

So fand mich Jack, als er an diesem Abend nach Hause kam. Ich wollte zuerst auf seine Fragen, warum ich so deprimiert sei, nicht antworten, aber als er nicht lockerließ, brach ich schließlich in Tränen aus. Ich erzählte ihm alles, was ich von diesem entsetzlichen Tag noch in Erinnerung hatte. Jack hatte keine Erklärung dafür, sondern schaute mich nur verwirrt an.

»Mir hätte gleich auffallen müssen, daß mit dir etwas nicht stimmte, als du mir mein Mittagessen gebracht hast«, meinte er schließlich. »Du warst ganz und gar nicht in Ordnung.

Aber ich habe gedacht, daß du mit deinen Gedanken vielleicht woanders bist.«

Das Telefon läutete; es war Elise, meine beste Freundin seit über zwanzig Jahren. Jack erklärte Elise kurz, daß mir nicht nach Reden zumute sei und warum. Elise war Krankenschwester und bat Jack, mich trotzdem ans Telefon zu holen. Ich versuchte, Elise die verwirrenden Ereignisse dieses Tages zu schildern, aber sie unterbrach mich ziemlich bald und meinte, daß sie sofort zu mir käme; dann legte sie auf.

Elise blieb lange neben mir sitzen, als ich noch einmal versuchte, mir einen Reim auf die Ereignisse des Tages zu machen. Ich hatte nicht die geringste Ahnung, wo ich mich in dieser ganzen Zeit aufgehalten hatte. Es dauerte einfach keine vier Stunden, von Jacks Büro bis nach Hause zu kommen, selbst wenn man sich eine Weile verfahren hatte. Jack warf ein, daß er sich die Benzinanzeige des Wagens angesehen hätte; anscheinend hatte ich an diesem Nachmittag fast einen ganzen Tank verfahren.

Elise bestand darauf, daß ich sofort meinen Neurologen anrufen sollte. Ich weigerte mich; aus Angst, wie ich sagte, »meinen Verstand verloren zu haben«. Außerdem sei ich ja nun wieder zu Hause, es bestünde kein dringender Notfall, und die Praxen hätten auch alle schon geschlossen.

Daraufhin verpflichtete Elise Jack, dafür zu sorgen, daß ich gleich als erstes am nächsten Morgen zum Neurologen ginge, was er ihr auch versprach.

»Diana, und falls heute abend noch irgend etwas passieren sollte, ruf sofort diese Notfallnummer an!«

Erst auf Jacks nochmaliges Versprechen hin, ihre Anweisungen auch zu befolgen, fuhr Elise wieder nach Hause.

Kapitel 2

Erste
Untersuchungen

Im Wartezimmer des Neurologen sitzend, wurde ich langsam ungeduldig; ich stand auf und fing an, hin und her zu laufen. Das mochte vielleicht befremdlich auf die Empfangsschwester wirken, aber wen kümmerte das schon? Meine Nerven waren zum Zerreißen gespannt, und ich hatte immer noch Angst, daß ich tatsächlich »übergeschnappt« war und in der Anstalt enden könnte.

Endlich tauchte mein Neurologe in der Tür auf und geleitete mich höchstpersönlich in sein »Heiligtum«, ein mit Walnußholz getäfeltes und mit dunklen Möbeln eingerichtetes Büro. Er setzte sich hinter seinen riesigen, mit Arbeit übersäten Schreibtisch und bat mich, doch in dem Stuhl davor Platz zu nehmen.

Als ich ihm den Grund für meinen Besuch zu beschreiben versuchte, fing ich zu weinen an. Von Kummer überwältigt, gab ich jede Hoffnung darauf auf, mich einigermaßen professionell zu benehmen, und flehte statt dessen den Neurologen an, mir doch bitte meinen Zustand zu erklären.

»Zunächst müssen wir einige Untersuchungen durchführen, Diana«, meinte er aufmunternd. »Zum Glück haben wir noch die Originalresultate der Elektroenzephalographie, oder EEG, die wir vor ein paar Jahren bei Ihnen machten, als Sie einen Schlaganfall hatten. Das stimmt doch, oder? Hmm, und damals haben wir auch bereits ein Magnet-Resonanz-Tomogramm, oder MRT, anfertigen lassen«, fuhr er fort, wobei er suchend in meinen Unterlagen blätterte.

»Gehen wir doch erst mal in den Untersuchungsraum und sehen wir uns an, wie es uns so geht«, meinte er lächelnd. Ich haßte seine Angewohnheit, in der zweiten Person Plural von mir zu sprechen: »wir«, »unser«, »uns«. Ich wollte ihn schon fragen, ob er vielleicht eine Maus in der Tasche mit sich herumtrug. Nachdem er mich in ein anderes Zimmer geführt hatte, das mit dem üblichen Untersuchungstisch auf Rollen und diversen anderen chromblitzenden Gegenständen ausgestattet war, ließ ich dort willig alle möglichen Tests über mich ergehen. Der Neurologe überprüfte meine Reflexe, wies mich an, irgendwelche Lichtpunkte mit den Augen zu verfolgen, einen geraden Strich entlangzubalancieren und schließlich mit ausgestreckten Armen auf einem Bein zu verharren. Zum Schluß bat er mich, von hundert an rückwärts zu zählen.

Am Ende der Untersuchung meinte er anerkennend, daß »wir« alle diese Aufgaben ohne Probleme gemeistert hätten und daß er nun ein weiteres EEG und ein weiteres MRT anordnen würde. Die neuen Ergebnisse dieser Verfahren wolle er dann mit den früheren vergleichen. Damit könne man jeden Verdacht auf einen Gehirnturmor ausräumen und gleichzeitig bestätigen, ob ich einen weiteren kleinen Schlag erlitten hätte oder nicht.

Anschließend fuhr ich zu weiteren Tests in die neurologische Klinik und fand auch ohne Probleme sofort einen Parkplatz neben dem Eingang. Drinnen überreichte mir die Empfangsschwester ein zweiseitiges Formular, das ich auszufüllen hatte; es beinhaltete statistische Informationen, Angaben über meinen Versicherungsträger und meine gesamte Krankengeschichte.

Ich hatte Schwierigkeiten, den Abschnitt mit meiner Krankengeschichte vollständig auszufüllen, und bat deshalb die Schwester, doch auf den Fragebogen zurückzugreifen, den ich ein paar Jahre zuvor schon mal ausgefüllt hatte. Sie schüttelte nur den Kopf und bestand darauf, daß sie das aktuelle Formular benötigte.

Also kehrte ich auf meinen Platz zurück und startete einen erneuten Versuch, mich an die verlangten Informationen zu erinnern. Plötzlich, aus einem Anfall der Verärgerung heraus, schrieb ich quer über das Formular: »Wenn ich mich an alle diese Details erinnern könnte, wäre ich nicht hier!« Dann hielt ich mich an dem Formular fest, bis die technische Assistentin kam, um mich in den Untersuchungsraum zu bringen.

Sie steckte meinen ausgefüllten Fragebogen in die Karteikarte, die man bei meinem ersten Besuch angelegt hatte, und bat mich dann, mich auf den kunstledergepolsterten Untersuchungstisch zu legen.

»Hatten Sie in der letzten Zeit Probleme mit Ihrem Gedächtnis?«

»Jede Menge«, erwiderte ich.

»Wann hat das angefangen?«

»Ich kann mich nicht erinnern«, erwiderte ich, traurig lachend, versuchte dann aber, ihr eine bessere Antwort zu geben. »Ich glaube«, fuhr ich fort, »erst vor ein paar Wochen, ist noch nicht lange her, aber am schlimmsten war es gestern. Mir fehlen volle vier Stunden des gestrigen Tages, und in der Zeit habe ich einen ganzen Benzintank leergefahren in dem Versuch, durch Straßen nach Hause zu fahren, die ich eigentlich sehr gut kenne.«

»Sonst irgendwelche Probleme?«

»Ich habe leichte Gleichgewichtsstörungen, nicht regelmäßig und nicht sehr oft; es ist auch kein Schwindelgefühl, nur mit dem Gleichgewichtssinn stimmt was nicht.«

Die technische Assistentin erklärte mir die Prozedur mit dem Elektroenzephalogramm (EEG) und erinnerte mich, daß ich das vor ein paar Jahren schon mal gemacht hätte. Der Test begann, und ich lag ziemlich entspannt in der Dunkelheit. Ich hielt die Augen geschlossen, während bunte Lichtbündel vor meinen Augen zuckten. Die Lichter waren so grell, daß ich selbst mit geschlossenen Augen vibrierende Farbblitze, die in verschiedenen Rhythmen pulsierten, wahrnahm. In Minutenschnelle war der Test vorbei, und ich wurde für die Magnet-Resonanz-Tomographie (MRT) in ein anderes Gebäude gebracht.

Die Empfangsschwester dort bestand darauf, daß ich ebenfalls ein Formular mit meiner Krankengeschichte ausfüllen sollte. Dieses Mal schrieb ich jedoch schlicht und einfach hinein, daß ich keine genaue Erinnerung an die verlangte Information hätte und man doch bitte auf vorhergegangene Untersuchungen zurückgreifen möge.

Für die Magnet-Resonanz-Tomographie mußte ich mir ein weißes Krankenhausnachthemd anziehen und mich ebenfalls auf einen mit Kunstleder bezogenen Tisch legen. An dem einen Ende dieses Tisches befand sich ein großer, trommelförmiger Zylinder. Das war also die wundersame Röntgenmaschine der Nuklearmediziner – sie sah aus wie ein überdimensionaler Wäschetrockner. In dem Raum war es sehr kalt, und ich fröstelte. Als die Röntgenassistentin eine warme Decke über meinen Oberkörper und die Beine breitete, meinte sie: »Ich weiß, wie kalt es hier ist, Diana. Aber unsere Maschinen brauchen diese Temperatur. Können Sie sich vom letzten Mal noch daran erinnern?«

»Nur vage«, erwiderte ich seufzend.

Langsam schob die Assistentin den Untersuchungstisch, auf dem ich lag, in den großen Zylinder hinein. Als sich mein Kopf genau unter dem Rand befand, fing der Zylinder an, sich zuerst langsam, dann immer schneller werdend zu drehen. Man hatte mich angewiesen, daß ich dabei absolut still liegen und ganz normal weiteratmen sollte.

Das Ganze war sehr entspannend. Während die Maschine ihre Umdrehungen beendete, fühlte und dachte ich gar nichts. Die technische Assistentin erklärte mir hinterher, daß die Ergebnisse beider Tests gegen Nachmittag vorliegen würden.

Obwohl die beiden Prozeduren weder körperlich anstrengend noch sonst irgendwie beeinträchtigend gewesen waren, war ich trotzdem ziemlich müde aufgrund meiner unterschwelligen emotionalen Anspannung. Zu Hause angekommen, sank ich mit allen Kleidern auf mein Bett und fiel schnell in einen tiefen Schlaf.

Ruckartig wachte ich auf und schaute auf die Uhr. Es war schon fast Büroschluß, und ich hatte den Neurologen noch nicht wegen der Testergebnisse zurückgerufen. Schnell holte ich seine Telefonnummer aus meiner Brieftasche und wählte. Seine Empfangsdame, eine Ausländerin mit stockendem Englisch, meldete sich und erklärte mir, daß der Doktor mich am nächsten Morgen in seiner Praxis sehen und die Resultate mit mir besprechen wolle.

Na. Gott sei Dank! Mir machte es Mut, daß der Arzt mich persönlich sprechen wollte. Für die meisten Menschen wäre das wahrscheinlich ein negatives Zeichen, vermutete ich. Aber nicht, wenn man sich ernsthafte Sorgen um seine Gesundheit machte! Ich verlor also nicht meinen Verstand, wie ich befürchtet hatte; es gab vielleicht ein kleines Problem, doch offensichtlich nichts, das so ernst gewesen wäre, daß man nicht hätte darüber sprechen können. Was immer es auch sein mochte, ich fühlte mich körperlich viel zu fit, als daß es etwas Schwerwiegendes hätte sein können.

Am nächsten Morgen traf ich folglich gutgelaunt in der Praxis des Neurologen ein; meine Aufregung hielt sich in Grenzen. Der Arzt saß hinter seinem überquellenden Schreibtisch und ging die Ergebnisse mit mir durch.

»Ihr EEG war im wesentlichen dasselbe wie zuvor, Diana. Es ist keine neue Schädigung aufgetreten«, begann er.

Noch ehe er fortfahren konnte, unterbrach ich ihn.

»Was meinen Sie mit ›keine neue Schädigung‹? Ich habe doch keinen dauerhaften Schaden zurückbehalten.«

»Doch, von dem minder schweren Schlag, den Sie damals erlitten haben, Diana«, erklärte er stockend.

»Aber Sie sagten mir doch damals, es würde keinen bleibenden Schaden geben! Mir ist auch nichts aufgefallen! Ich hatte keinerlei Symptome in die Richtung, bis… nun, bis…« Meine Stimme wurde immer leiser.

»Ich bin mir sicher, daß ich Ihnen das damals erklärt habe«, fuhr mein Neurologe unbeirrt fort. »Also, wie es aussieht, liegen bei Ihnen leicht abweichende Werte im Bereich des rechten Schläfenlappens vor. Das ist nichts Weltbewegendes, Diana, aber es ist nun mal das, was wir als abweichende Werte bezeichnen.«

Ich fühlte eine leichte Kälte in meinen Magen kriechen. Ich war mir absolut sicher, daß er mich vorher nie auf irgendwelche Anomalien hingewiesen hatte. Trotzdem, hör dir an, was der Mann dir zu sagen hat, dachte ich. Das ist wohl kaum der geeignete Zeitpunkt, um dich mit deinem Arzt anzulegen.

»Und nun zu Ihrer Magnet-Resonanz-Tomographie, Diana. Wie Sie wissen, ist dieses Verfahren noch relativ neu, und deshalb sind Abweichungen zwischen den Werten Ihrer ersten MRT und der von gestern leicht möglich«, meinte er mit einem aufmunternden Lächeln. »Ich habe mir Ihre Aufnahmen aus diesem Grund auch sehr genau angesehen. Dabei waren keinerlei Anzeichen einer Läsion oder eines Tumors – also größerer Anomalien – zu erkennen, nur eine bisher nicht identifizierte Disparität in der weißen Substanz. Deswegen jetzt gleich etwas zu unternehmen, würde ich Ihnen nicht empfehlen, da es wahrscheinlich auch nichts zu bedeuten hat. Wir sollten lieber so weitermachen wie bisher. Und Sie sollten etwas besser auf sich aufpassen und sich nicht zu viel zumuten.«

Ich starrte ihn frustriert an. Ich versuchte zu begreifen, was er eben gesagt hatte, und wunderte mich sehr über seine herablassende Art.

»Doktor, was genau wollen Sie eigentlich damit sagen? Daß alles in Ordnung ist? Oder daß etwas nicht stimmt?«

»Ich will damit nur sagen, daß sich im Vergleich zu den früheren Tests nicht sehr viel geändert hat, und daß ich deshalb keinen Grund sehe, gleich das Schlimmste zu befürchten. Die Sache bedrückt Sie offensichtlich sehr, Diana, nicht wahr?«

»Na, und ob mich das bedrückt!« rief ich. »Mir fehlen immerhin ganze vier Stunden von diesem gräßlichen Tag! Ich bin wer weiß wo herumgefahren, habe mich total verfranzt – und das in einer Umgebung, die ich wie meine Westentasche kenne, und auf einer Strecke, die ich normalerweise in maximal zwanzig Minuten zurücklege! Ich verliere mein Gleichgewicht, und das nicht etwa, weil mir schwindlig wäre, sondern weil mir jemand den Boden unter den Füßen wegzieht; jedenfalls fühlt sich das so an. Ich weiß nicht mehr, was ich gestern abend gekocht habe, und jede Kleinigkeit muß ich mir aufschreiben. Ja, und nochmals ja! Natürlich mache ich mir da Sorgen!« Ich hielt inne.

»Wissen Sie, Diana, vielleicht sollten Sie mal einen Psychologen aufsuchen und ihn um Rat fragen«, erwiderte er besänftigend. »Nehmen Sie eigentlich noch Ihre Beruhigungsmittel?«

Das eisige Gefühl in meinem Magen breitete sich weiter im ganzen Körper aus. Er sah in mir also einen Fall für die Klapsmühle! Ich lehnte sein Angebot, mich gleich an einen Psychologen zu überweisen, dankend ab, stand auf, schüttelte ihm die Hand und verließ sein Büro.

Zu Hause versuchte ich, die einzelnen Puzzlestücke zusammenzufügen, aber da paßte nichts. Wenn meine Testergebnisse nicht normal waren, warum konnte man mir dann keine bessere Erklärung für das geben, was mit mir geschah? Und wieso empfahl man mir einen Psychologen, wenn die Tests von physischen Abläufen Abweichungen zeigten? Lag es nur an meinen Nerven? Vielleicht machte ich mir wirklich zu große Sorgen um meine Gesundheit, ohne daß ich es überhaupt merkte. Ich beschloß, die Anweisungen meines Neurologen zu befolgen, nichts zu überstürzen und »mir nicht zu viel zuzumuten«.

Zwei Monate verstrichen ohne weitere Zwischenfälle. Dann machte ich eines Tages während der Arbeit eine weitere erschreckende Erfahrung. Ich hatte es unter großem Zeitdruck und mit viel Einsatz gerade noch vor Ablauf der Frist geschafft, einen bestimmten Schriftsatz für das Gericht anzufertigen, und wollte ihn gerade meinem Anwalt bringen. Als ich auf den großen Gang hinaustrat, hob sich plötzlich der Boden, schwankte hin und her und warf mich gegen die glänzende Marmorwand. Dann drehte sich der Boden auch noch unter meinen Füßen, und ich preßte mich so lange an die Wand, bis der hochflorige Teppichboden endlich wieder stillstand.

Zögernd machte ich daraufhin einen Schritt weg von der Marmorwand und ging mit zitternden Knien in das Büro des

Anwalts. Als er die Abschrift sah, hob er die Hände in einer triumphierenden Geste über seinen Kopf und lächelte mir anerkennend zu. Ich erklärte ihm, daß ich ihm zur Verfügung stünde, falls er noch irgendwelche Änderungen vornehmen wolle oder Fragen habe, und kehrte dann in mein Sekretariat zurück.

Als ich mich wieder hinter meinen auf Hochglanz polierten Schreibtisch mit der Glasplatte gesetzt hatte, kam eine farbenfroh gekleidete Frau auf mich zu.

»Ja?« grüßte ich sie. »Wie kann ich Ihnen helfen?«

»Diana!« Die Frau blieb abrupt und offensichtlich sehr überrascht stehen. »Was soll das heißen?«

In meiner Brust fing es wie wild zu hämmern an, als mir klar wurde, daß ich die Frau kannte und daß wir uns noch dazu duzten. Aber wer war sie?

Mich nicht aus den Augen lassend, legte die Frau vorsichtig einen verschlossenen Umschlag vor mich hin.

»Unser Gehalt ist gekommen, während du die Abschrift abgeliefert hast«, sagte die Frau langsam. »Ich habe deinen Scheck für dich angenommen.«

Offensichtlich arbeitete die Frau mit mir zusammen. Ich massierte meine Schläfen, schützte schwere Kopfschmerzen vor und bedankte mich bei der Frau, daß sie meinen Scheck entgegengenommen hatte. Sie fragte mich noch, ob ich ein Aspirin wolle, und ich nickte zustimmend. Mit reichlich verwirrtem Gesicht verließ sie mein Büro.

Da ich mich jetzt dringend etwas frisch machen mußte, stand ich auf und schlenderte durch die Büroräume in Richtung Damentoilette. Ich selbst arbeitete in einer Art Großraumbüro, da man in meiner Anwaltskanzlei der Meinung war, daß nur Anwälte ein Bedürfnis nach Privatsphäre hätten. Es gab deshalb keine richtigen Türen, sondern nur Durchbrüche in den Wänden, die auf die Gänge hinaus-

führten. Ich kam zu einem Korridor, den ich langsam ent-
langging, wobei ich mir alle Türen genau anschaute. Hier
war keine Toilette, eine Sackgasse. Ich kehrte auf dem Weg
zurück, den ich gekommen war, und betrat den nächsten
Korridor. Dieses Mal hatte ich einen Volltreffer gelandet;
direkt vor mir befand sich die Damentoilette. Dort spritzte
ich mir kaltes Wasser ins Gesicht und trocknete mich dann
vorsichtig ab, um mein Make-up nicht zu verwischen. Als
ich mich danach in dem großen Spiegel prüfend betrachtete,
sah ich ganz in Ordnung aus. Es war nichts Ungewöhnliches
an mir festzustellen.

Als ich wieder auf den Korridor hinaustrat, bog gerade ein
gutgekleideter junger Mann um die Ecke.

»Hey, Diana! Schön, dich zu sehen. Wie geht es dir?« begrüßte er mich mit einem Lächeln.

O Gott, nicht noch einer! Ich kam mir vor wie auf einem
Ausflug ins Märchenland. Dieses Mal versuchte ich zu bluf-
fen, indem ich Belanglosigkeiten mit dem jungen Unbekannten austauschte. Während wir nebeneinander hergingen,
fragte er mich, wie lange ich schon für diese Kanzlei arbeitete. Ich zögerte erst und meinte dann, daß ich ungefähr seit
drei Jahren dabei sei. Der junge Bursche nickte zustimmend
und meinte schließlich, daß er gekommen sei, um sich für
die Stelle als Bote oder Laufbursche zu bewerben. Ob ich
ihm wohl dabei helfen könne?

Schließlich warf ich doch das Handtuch und lächelte den
jungen Mann resigniert an.

»Bitte, verzeihen Sie mir. Ich weiß, daß ich Sie kenne, aber
heute ist einfach so ein Tag, da fällt mir doch glatt Ihr Name
nicht ein. Ich werde auch gern ein Wort für Sie einlegen,
wenn Sie mir Ihren Namen und andere wichtige Einzelheiten
notieren.«

»Das kapiere ich nicht«, murmelte er.

»Ihr Name?« Ich ließ mich nicht beirren.

»Diana, ich bin dein Cousin Rich«, sagte er langsam.

Da traten mir Tränen in die Augen, und ich umarmte meinen Cousin und flüsterte: »Ich wollte doch nur vermeiden, daß irgend jemand mit anhört, daß sich ein Verwandter von mir hier um eine Stellung bewirbt. Selbstverständlich werde ich dich in der Personalabteilung empfehlen. Aber natürlich!«

Dabei fiel mir auf, daß ich trotz meines Zustandes – ich vergaß Verwandte, Mitarbeiter und den Weg zur Damentoilette – aber offensichtlich immer noch in der Lage war, schnell genug zu reagieren und mir eine glaubhafte Ausrede einfallen zu lassen.

Nachdem ich mich von meinem Cousin verabschiedet hatte, kehrte ich wieder in mein Büro zurück und ließ mich über die Gegensprechanlage mit einer Angestellten des Personalbüros verbinden. Mit bemüht fröhlicher Stimme erklärte ich ihr, daß ich mich für den jungen Mann, der sich eben um die Stelle eines »Mädchen für alles« beworben hatte, verbürgen würde. Die Angestellte erwiderte, daß sie mir auf dem üblichen Weg die notwendigen Unterlagen zukommen lassen würde. Das heiterte mich etwas auf, und ich wandte mich wieder meinem Textcomputer zu, froh, wenigstens einen Teil dieses katastrophalen Tages gerettet zu haben. Als ich mich gerade über die Tastatur beugen wollte, löste sich plötzlich die Welt vor meinen Augen auf. Das Bewußtsein verlierend, kippte ich erst nach vorne und glitt dann seitlich über den Stuhl zu Boden.

Als ich wieder zu mir kam, konnte ich weder etwas sehen noch mich bewegen. Aber ich konnte Stimmen hören, die klangen, als befände ich mich in einer Echokammer. Irgend jemand sagte gerade, daß er keinen Puls mehr spüre. Eine andere Stimme verlangte nach jemandem, der sich mit Herz-Lungen-Wiederbelebung auskannte.

Dann holte mich ein scharfer Schmerz mit einem Ruck wieder ins Bewußtsein zurück, als man mir etwas Hartes auf die Brust drückte. Damit verschwand auch der Halleffekt, und ich konnte wieder deutlich alles verstehen. Ich spürte nun auch Bewegung um mich herum, wie jemand meinen Arm fest abband. Ich schlug die Augen auf, und wie mir schien, beugten sich zwei blauuniformierte Automechaniker über mich. Ich blinzelte, um besser sehen zu können, und einer der Automechaniker sagte etwas zu mir.

»Hallo, Dornröschen! Diana, wir sind Notärzte, und wir sind hier, um Ihnen zu helfen. Können Sie uns sagen, was passiert ist?«

Ich stöhnte nur und schüttelte den Kopf.

Die Notärzte fuhren mit ihrer Arbeit fort, und ich erkannte, daß ich bereits auf einer Bahre lag. Die beiden Männer versicherten mir, daß meine Lebensfunktionen wieder in Ordnung seien, daß sie mich aber zur Beobachtung ins nächstgelegene Krankenhaus bringen müßten.

In der Zeit, in der sie meine Bahre in den Aufzug schafften und mich dann draußen vor dem Gebäude in den Krankenwagen schoben, verlor ich immer wieder mal das Bewußtsein.

Als ich das nächste Mal wieder zu mir kam, befand ich mich bereits in der Notaufnahme, und ein Arzt sprach auf Jack ein. Irgend jemand mußte Jack angerufen haben! Jetzt kam ich nicht mehr aus!

Ein Mann in Weiß fragte, ob ich wüßte, was meine »Synkope« verursacht habe. Ich wußte nicht einmal, was eine »Synkope« war. Er erklärte mir daraufhin, daß ich bei der Arbeit plötzlich ohnmächtig geworden sei und für eine kurze Zeit einen so niedrigen Puls und eine so flache Atmung gehabt hätte, daß eine Herz-Lungen-Wiederbelebung notwendig geworden war und man den Notarzt hatte rufen müssen.

Benommen versuchte ich ihm von dem schwankenden Fußboden und der beunruhigenden Tatsache zu erzählen, daß ich einen Verwandten von mir und eine Kollegin aus demselben Büro plötzlich nicht mehr erkannt hatte. Selbst in meinen eigenen Ohren hörten sich meine Worte verzerrt an.

»Nehmen Sie regelmäßig bestimmte Medikamente? Was haben Sie heute eingenommen?« wollte der mißtrauisch gewordene Arzt wissen.

»Nichts, ich nehme nichts!« rief ich. »Ich nehme eine Beruhigungstablette am Morgen und eine am Abend, sonst nichts!« Und als es mir wieder einfiel, fügte ich hinzu: »Und die heute morgen habe ich sogar vergessen.«

Der Arzt wandte sich nun an Jack und wollte wissen, ob ich irgendwelche Drogen genommen haben könnte. Jacks Kiefer mahlten, als er jede mögliche Drogenabhängigkeit seiner Frau empört weit von sich wies.

Dann verließen die beiden das Zimmer, und kurz danach kehrte Jack mit der Nachricht zurück, daß ich das Krankenhaus wieder verlassen mußte. Wie es aussah, übernahm seine Versicherung die Kosten dieser Einrichtung nicht, also mußte ich gehen. Der Arzt schlug vor, daß ich mich doch an meinen Neurologen wenden oder gleich direkt in die Notaufnahme einer Klinik fahren sollte, die mein Versicherungsträger anerkannte. Ich bat darum, statt dessen nach Haus gebracht zu werden. Für diesen Tag reichte es mir.

Kapitel 3

Eine ganz
andere Richtung

Am nächsten Morgen rief ich in meinem Büro an, um mit-
zuteilen, daß es mir zwar soweit ganz gut ginge, ich aber
noch ein paar Tage frei bräuchte. Danach rief ich mit einem
Seufzer der Resignation in der Praxis meines Neurologen an
und bat die Sprechstundenhilfe, mich als Notfall noch am
selben Tag dazwischenzuschieben. Sie verwechselte mich
aber mit einer anderen Patientin und verband mich verse-
hentlich mit dem Doktor, der einen anderen Anruf erwartete.
Ich erklärte ihm kurz die Sache mit meiner »Synkope« (was
immer das auch war) am Arbeitsplatz und bat ihn um einen
sofortigen Termin, den er mir auch gab.
Ich mußte dieses Mal gar nicht lange im Wartezimmer
sitzen, bis der Neurologe mich wieder einmal in sein Büro
geleitete. Nachdem er sich meine Beschreibung der Ereignisse vom Vortag angehört hatte, fragte er mich, ob ich
jetzt wohl einen Besuch beim Psychologen in Betracht ziehen könnte.
Ich war völlig perplex.
»Hören Sie, Doktor! Ich bin ohnmächtig geworden! Man
hat den Notarzt gerufen! Ich will endlich wissen, was mit
mir los ist. Ich habe erst eine Kollegin, dann einen Verwandten nicht mehr erkannt. Es ist wieder passiert, daß sich der

Boden unter mir gehoben und gesenkt hat. Dafür muß es doch eine Erklärung geben!«

Er betrachtete mich stirnrunzelnd. »Ja, sehen Sie denn nicht, wie sehr diese Ereignisse Sie mitgenommen haben, Diana? Ich wünschte mir wirklich, Sie würden einen Freund von mir aufsuchen, ein wirklich netter Mann. Sie würden sich zweifellos bald wieder besser fühlen.«

Mir blieb buchstäblich die Luft weg, und gleichzeitig stiegen mir die Tränen in die Augen. Ergeben ließ ich mich in meinen Stuhl zurücksinken und willigte nickend ein, mir Rat von diesem »netten Menschen« zu holen.

Nachdem dieser Psychologe eine Kopie meiner Krankenakte erhalten hatte, fing er sofort mit seinen Untersuchungen bei mir an. Zuerst bombardierte er mich mit einer ganzen Reihe von Multiple-choice-Fragen, die ich auf einem mehrseitigen Computerausdruck anzukreuzen hatte. Als ich etwa die Hälfte hinter mir hatte, war ich plötzlich sehr verwirrt von der Doppeldeutigkeit mancher Fragen, die sich zudem auch wiederholten oder reichlich unklar formuliert waren.

Doch ich riß mich zusammen und bemühte mich, auch noch die restlichen Fragen zu beantworten; aber plötzlich fühlte ich mich so verloren und überfordert, daß ich zu weinen anfing. Ich schämte mich meiner Tränen, als mir klar wurde, daß sich so ein Verhalten ganz bestimmt nicht sehr günstig auf die Beurteilung meiner geistigen Gesundheit auswirken würde! Also machte ich mich ganz klein hinter meiner Trennwand, wo ich meine Testfragen beantwortete, und dachte schon daran, die Fragebögen in ganz kleine Fetzen zu zerreißen.

Aber schließlich entschied ich mich gegen ein derart pubertäres Verhalten, wischte entschlossen die Tränen weg und brachte den Test zu Ende; dabei bemühte ich mich auch gar nicht mehr, ganz genau auf die Fragen einzugehen. Kreuz einfach irgend etwas an, sagte ich mir. Sieh nur zu, daß du die Sache irgendwie hinter dich bringst!

Danach führte der Psychologe einen verbalen Test mit mir durch, und anschließend mußte ich noch eine Reihe graphischer Figuren zur Überprüfung meiner Motorik zuordnen. Die Prozedur beanspruchte ganze drei Stunden. Für den Morgen darauf wurde ein Termin für weitere Tests verabredet. Ich war fix und fertig.

Der zweite Tag begann mit weiteren Untersuchungen meiner Koordinations- und Assoziationsfähigkeit. Dann gab mir der Psychologe ein Blatt Papier und zeigte mir kurz mehrere einfache Zeichnungen, die ich auf dem Blatt Papier kopieren sollte. Es gab insgesamt acht dieser Symbole: Rechteck, Kreuz, Kreis, Rechteck mit Diagonale, Kreis mit kreuzender Wellenlinie und weitere elementare Formen. Nachdem ich diese Formen auf meinem Blatt Papier nachgezeichnet hatte, nahm der Psychologe die Vorlage wieder weg und wies mich an, die ganzen Formen noch einmal aus dem Gedächtnis nachzuzeichnen.

Ich versuchte, so viele wie möglich auf dem Papier anzuskizzieren, wußte aber aus Erfahrung, daß ich es so, nur aus dem Gedächtnis, nicht ganz schaffen würde. In der letzten Zeit war es nämlich oft vorgekommen, daß ich Anrufer bitten mußte, ihre Telefonnummer zu wiederholen, da ich mir beim ersten Mal die siebenstelligen Zahlen nicht gleich hatte merken und notieren können. Trotzdem erklärte mir der Psychologe, daß ich mich bis jetzt ganz gut halten würde. Als nächstes händigte er mir mehrere, merkwürdig geformte Stücke Pappkarton aus, sechs insgesamt. Das eine Stück war groß, rund und irregulär geformt, die anderen fünf waren spitz zulaufend und von verschiedener Länge. Daraus sollte ich nun eine ganz bestimmte Figur legen.

Dieses Puzzle stellte mich wirklich vor ein großes Problem.

Der Psychologe versuchte, mir mit Hinweisen auf die Sprünge zu helfen. Es sei eine Sache, Teil meines Körpers, sagte er. Sosehr ich mich auch anstrengte, die einzelnen Teile hin- und herschob und immer wieder neu arrangierte – ich schaffte es einfach nicht, eine erkennbare Figur daraus zu legen. Es war hoffnungslos. Schließlich legte der Psychologe die Stücke so aneinander, daß sich daraus eine Hand ergab. Ich saß erstaunt daneben und starrte auf die Pappdeckelhand, die mir jetzt so einleuchtend erschien.

Als nächstes sah ich mich mit vier Blöcken konfrontiert – rote Streifen auf weißem Hintergrund. Ich sollte diese Blöcke so anordnen, daß sich daraus ein bestimmtes Muster ergab. Nur vier Blöcke! Mach was daraus! Irgend etwas! Selbst wenn es falsch sein sollte, wird er dich immerhin für kreativ halten! Ich versuchte es, wurde aber zusehends nervöser. Ich redete mir im Geiste gut zu, aber es nützte nichts, und schließlich legte der Psychologe eine Fotografie des verlangten Musters vor mich hin.

»So sieht es aus, Diana. Und jetzt legen Sie die Blöcke so, daß sich dieses Muster ergibt.«

Doch die Sache überstieg immer noch mein Fassungsvermögen. Da streckte der Psychologe die Hand aus und legte die Blöcke geschickt in Form des Musters auf den Tisch.

Ich versagte noch bei vielen weiteren Tests, auch wenn ich im täglichen Leben keine großen Probleme mit meiner Motorik oder Hand-Augen-Koordination hatte. Ich war immer noch voll einsatzfähig in meiner Arbeit als tüchtige und effiziente Anwaltssekretärin. Na ja, vielleicht nicht mehr ganz so tüchtig wie früher und auch nicht mehr ganz so effizient, wie ich mir selbst gegenüber widerwillig zugeben mußte. Meine Handflächen fingen zu schwitzen an, und mein Mund war plötzlich unangenehm trocken.

Bei den Additions- und Subtraktionsaufgaben ging es mir

dann wieder besser, und ich fing an, wieder etwas lockerer zu werden. Vielleicht war ich doch nicht so schlecht. Dann kam der letzte Abschnitt. Der Psychologe las mir einen kurzen Text vor und bat mich, mit wenigen Worten dessen Inhalt wiederzugeben. Nachdem ich triumphierend meine Inhaltsangabe beendet hatte, stellte er mir noch Fragen zu bestimmten Details. Doch mein Kopf war völlig leer. Wollte der Kerl mich austricksen? Ich konnte mich überhaupt nicht daran erinnern, daß auch nur ein einziges dieser Details in der betreffenden Geschichte vorgekommen wäre.

Hinterher fühlte ich mich wie durch den Fleischwolf gedreht und hätte alles getan für einen tiefen Zug von einer Zigarette, selbst getötet hätte ich. Es war nämlich bereits der dritte Tag, an dem ich versuchte, mit dem Rauchen aufzuhören, da ich mich bemühte, meiner Gesundheit etwas Gutes anzutun. Kaum saß ich im Wagen, lehnte ich mich erst mal gegen die Nackenstütze zurück und atmete ein paar Minuten tief durch. Dann richtete ich mich entschlossen auf, murmelte eine Reihe von Kraftausdrücken vor mich hin und fischte ein noch ungeöffnetes Päckchen Zigaretten aus seinem Versteck hervor. Genüßlich gab ich mich meinem heftigen Verlangen nach Nikotin hin und rauchte eine Zigarette bis zum Filter hinunter, ehe ich den Wagen anließ und vom Parkplatz fuhr.

Der Psychologe rief mich am nächsten Tag an, um mir die Testergebnisse durchzugeben. »Diana, ich hatte wirklich gehofft, daß Ihre Symptome psychosomatisch bedingt wären. Doch bei Ihnen ist eindeutig ein klares Muster zu erkennen, was darauf schließen läßt, daß Ihr Problem nicht in meinen Bereich, sondern in den eines Neurologen fällt. Deshalb werde ich Ihrem Neurologen eine Kopie der Testergebnisse mit einem Begleitschreiben schicken, in dem ich ihm empfehle, weitere ausgedehnte Blutuntersuchungen, Abbildungen des Gehirns und andere neurologische Tests durchführen zu lassen, damit man Ihren Zustand endlich genau bestimmen kann.«

»Bitte erklären Sie mir doch, was Sie mit einem ›Muster‹ meinen«, bat ich ihn und zündete mir eine Zigarette an, meine sechste an diesem Tag.

»Aufgrund unserer Testverfahren können wir bestimmen, wo bei Ihnen ein neurologischer Schaden vorliegt. Das führt zu einem sogenannten Muster, das Sie weder imitieren noch fälschen noch verstecken können, Diana. Deshalb schicke ich Ihrem Arzt auch die Testergebnisse und empfehle zusätzliche Untersuchungen und einen ausführlichen Bluttest. Manchmal verbirgt sich hinter diesen Dingen ein Ungleichgewicht in der Körperchemie, was ebenfalls die Ursache für den Verlust bestimmter geistiger Fähigkeiten sein kann. Ich werde Ihren Neurologen bitten, die Sache noch mal in Angriff zu nehmen.«

Ich bedankte mich bei dem Psychologen und erklärte ihm, daß ich mir sein Angebot durch den Kopf gehen lassen würde.

Eine Woche später hatte ich jedoch immer noch nichts von meinem Neurologen hinsichtlich der zusätzlichen Untersuchungen gehört, obwohl sie doch so notwendig waren, wie man mir gesagt hatte. Also machte ich selbst einen Termin bei ihm aus und suchte ihn in seiner Höhle auf. Zu meiner großen Verwunderung erwähnte er jedoch nichts von weiteren Tests, sondern empfahl mir statt dessen Sitzungen beim Psychologen.

Verwirrt und verzweifelt erwiderte ich: »Aber der Psychologe hat mir doch persönlich erklärt, daß er zusätzliche Tests von Ihrer Seite empfiehlt. Mein einziges emotionales Problem bestünde darin, mit Verlusten fertig zu werden, meinte er. Dazu kommt noch eine mangelnde Sicherheit, mich selbst abzugrenzen.« Die letzten Worte betonte ich besonders.

Der Neurologe hob entgeistert die Augenbrauen.

»Diana, ich werde mir doch von einem Menschen, der nur einen Abschluß in Psychologie hat, keine Vorschriften machen lassen«, meinte er. »Ich möchte, daß Sie ein Anti-Depressivum und weiter Ihr Beruhigungsmittel einnehmen, aber eine höhere Dosis, und sich zusätzlich einer psychologischen Beratung unterziehen.«

Ich beschloß, lieber nicht zu sagen, was ich mir dachte, und stand auf. Dann ging ich hinaus zu der Sprechstundenhilfe und verlangte eine Kopie meiner Krankenakte. Ich würde warten. Ja, selbst wenn es den ganzen Tag dauern sollte, ich würde warten. Ich würde auch für das Fotokopieren zahlen. Ich hatte das gesetzliche Recht auf meine Krankenberichte.

»An ein paar Dinge kann ich mich Gott sei Dank doch noch erinnern«, meinte ich mit einem bedauernden Lächeln.

Als ich ihn schließlich in Händen hielt, überflog ich kurz meinen Krankenbericht, um mich zu vergewissern, daß die Kopie der Untersuchungsergebnisse des Psychologen auch tatsächlich dabei war. Zufrieden fuhr ich anschließend nach Hause, fest entschlossen, mein Schicksal wieder in die eigenen Hände zu nehmen.

Als ich daheim ankam, versenkte ich mich erst mal in meine Krankenakte. Ich mußte fast alles zweimal lesen, da ich Schwierigkeiten hatte, die fremde Terminologie und ihre Bedeutung gleich beim ersten Lesen zu verstehen.

Was sollte ich jetzt tun? Ich wußte, daß ich einen neuen Neurologen brauchte, einen, der eine ganze Reihe ausführlicher neurologischer Tests und eine Blutanalyse veranlassen würde. Ich blätterte im Branchenbuch. Plötzlich fiel mein Blick auf die Anzeige der Alzheimer-Gesellschaft von Orlando. Die würden doch ganz bestimmt den Namen eines anständigen Neurologen kennen.

Die Stimme, die sich am Telefon meldete, war freundlich, höflich und hilfsbereit. Auch wenn man mir keinen bestimmten Arzt empfehlen konnte, so konnte man mir doch den Namen eines Arztes nennen, der eng mit der Gesellschaft zusammenarbeitete und in seiner Eigenschaft als Neurologe viele ihrer Patienten betreute. Die freundliche Stimme befragte mich auch zu den Symptomen und wollte wissen, wer der Patient sei. Ich zögerte kurz, erklärte, daß es sich bei der Patientin um eine (nicht existierende) Schwester handele und beschrieb der angenehmen Stimme schließlich meine eigenen Symptome.

»Wissen Sie, das klingt ganz so, als ob Ihre Schwester Alzheimer haben könnte«, meinte die Stimme nachdenklich.

»O nein!« rief ich. Nachdem ich mich bei der Frau für ihre Hilfe bedankt hatte, rief ich Dr. T., den Neurologen, an und bat um einen Termin.

Der früheste Termin, den ich bekommen konnte, lag im nächsten Monat. Ich war zwar enttäuscht, daß ich so lange warten mußte, aber irgendwie machte mir die Aussicht auf einen Arztwechsel auch neue Hoffnung. Jetzt würde wenigstens etwas passieren. Ich hatte endlich wieder mein Leben in die eigene Hand genommen.

Optimistisch kehrte ich an meine Arbeit im Büro zurück, doch schon nach wenigen Tagen ließ meine positive Einstellung merklich nach. Mir unterliefen Fehler, und da ich eine Perfektionistin war, wurde ich wütend auf mich selbst. Ich vergaß doch tatsächlich, zwei wichtige Termine in den Kalender des Anwalts einzutragen, und dauernd vergaß ich, wo bestimmte Unterlagen oder Behörden sich befanden. Auch anderen war mein Zustand mittlerweile aufgefallen, und man sprach mich auf meine Zerstreutheit an.

Schritt für Schritt verschlimmerte sich mein Zustand. Eines Tages konnte ich mich nicht mehr erinnern, auf welchem Stockwerk des großen Bürogebäudes mein Büro lag. Ein anderes Mal fand ich meinen Wagen in der Parkgarage nicht mehr wieder und mußte sieben Stockwerke zu Fuß zurücklegen und dabei ungefähr sechzig Wagen auf jeder Etage überprüfen, bis ich schließlich mein Auto wiederfand.

Als es für jeden meiner Arbeitskollegen immer offensichtlicher wurde, daß ich »nicht mehr ganz bei der Sache war«, traf ich die schmerzliche Entscheidung, meine Stelle zu verlassen. Um trotz meines Handikaps jedoch noch arbeiten zu können, beschloß ich, mich bei einer Agentur zu bewerben, die auf Zeitarbeit im Kanzleiwesen spezialisiert war. Ich dachte mir, daß von einer nur kurzfristig angestellten Assistentin niemand erwarten würde, daß sie sich in jedem Gebäude oder Büro genau auskannte oder jeden Angestellten vom Sehen kennen müßte. Sollten mir hier Fehler unterlaufen, würde das nur natürlich erscheinen.

Selbstverständlich würde es ein Problem für mich darstellen, jeden Morgen an einen neuen Ort zu fahren und abends wieder heimzukommen, aber ich hatte mir bereits eine Lösung für meine Schwierigkeiten mit dem Orientierungssinn einfallen lassen. Als ich nämlich eines Tages gezwungen war, an einer Tankstelle nach dem Weg in die Stadt zu fragen, war mir ein Tourist aufgefallen, der sich ebenfalls erkundigte. Der Tankwart nahm den Mann praktisch an der Hand und führte ihn in die richtige Richtung. Aha! Orlando ist also äußerst höflich zu seinen Touristen, dachte ich mir. Und so fing ich an, mich als »Touristin« auszugeben, wenn ich wieder einmal nach der Richtung fragte. Die Bewohner von Orlando waren Touristen gegenüber viel auskunftsbereiter, als es bei Einheimischen der Fall war, da sie von diesen einfach erwarteten, daß sie sich in ihrer Stadt auskannten.

Mein erster Einsatz verlief reibungslos. Der kleine Anwalt brauchte nur jemanden, der ans Telefon ging und seine Klienten empfing. Er war hocherfreut zu erfahren, daß ich auch seine Akten anzulegen wußte und ein Diktat aufnehmen konnte. Sein Parkplatz lag gleich vor der Bürotür. Da konnte ich mich wirklich nicht mehr verlaufen.

Ich war dankbar, daß ich die weise Voraussicht besessen hatte, mein neues Arbeitsleben als etwas »bessere Zeitsekretärin« zu beginnen, wie ich meinen neuen Karriereschritt bezeichnete. Diese Zeitarbeitsstellen ermöglichten es mir, zu arbeiten und meine Selbstachtung aufrechtzuerhalten, gleichzeitig aber immer dann frei zu nehmen, wenn meine Arzttermine dies erforderten.

Mein zunehmender Mangel an Vertrautheit mit juristischen Routinevorgängen und Formularen waren sehr demütigend für mich. Daher sah ich es als eine große Erleichterung an, daß die Anwaltskanzleien, für die ich nun tätig war, meine diesbezüglichen Fähigkeiten nicht groß benötigten.

Es hatte mal eine Zeit gegeben, da hatte ich ganz allein eine große Anwaltskanzlei gemanagt.

Es hatte mal eine Zeit gegeben, da war ich eine Anwaltssekretärin gewesen, die eigenständig Recherchen durchführte, bei Gericht auftrat, Verwaltungsarbeiten erledigte, Pflichten an andere delegierte und allgemeine Büroarbeiten beaufsichtigte.

Es hatte mal eine Zeit gegeben, da war ich an der Seite des Seniorpartners meiner Kanzlei als Gastgeberin anläßlich einer Dinnerparty zu Ehren des Gouverneurs aufgetreten.

Es hatte mal eine Zeit gegeben, da hatte ich über einen IQ von 137 verfügt.

Kapitel 4

Weitere
Untersuchungen

Gleichförmig verstrichen die Tage, und endlich war mein erster Termin bei Dr. T., meinem neuen Neurologen, gekommen. Ich saß in seinem Wartezimmer, musterte den Wandschmuck und zählte die Fliesen an der Decke. Schließlich wurde mein Name aufgerufen, und ich lernte endlich meinen neuen Spezialisten kennen.

Er war mir auf Anhieb sympathisch und hatte sich bereits eingehend mit meinen neurologischen und psychologischen Krankenakten befaßt. Nachdem er mich selbst noch einmal gründlich untersucht hatte, führten wir ein längeres Gespräch. Ich war drauf und dran, ihm dankbar die Hände zu küssen, als er mir erklärte, daß er eine neurologische Untersuchung und eine Serie weiterer Tests veranlassen würde. Dazu zählten ein weiteres EEG, eine Magnet-Resonanz-Tomographie, eine vollständige Blutanalyse und eine Analyse der chemischen Zusammensetzung meines Blutes. Und er wollte sofort eine Lumbalpunktion (Rückenmarkpunktion) durchführen. Dr. T. wollte vorerst noch keine eigene Meinung äußern, solange noch keine Laborwerte vorlagen, war aber sehr an meinen persönlichen Eindrücken interessiert.

Ich war sprachlos vor Erstaunen. Stockend erklärte ich dem Arzt, daß ich nicht wüßte, was mit mir nicht stimmte; ich wüßte nur, daß es körperliche Ursachen haben mußte und daß »ich jeden Tag ein kleines Stückchen weniger als noch am Vortag vorhanden sei«. Ich ging zwar davon aus, daß der kleine Schlaganfall etwas damit zu tun hatte, konnte mir aber die plötzlich auftretenden Schwierigkeiten, mich zu erinnern oder mich zu orientieren, nicht erklären.

In dem Versuch, meine Kompetenz unter Beweis zu stellen, vertraute ich dem Arzt an, daß ich unter großen Schwierigkeiten wiedererlernt hatte, Verkehrsschilder und andere Verkehrssignale zu lesen. Als er dabei nicht ein einziges Mal mit der Wimper zuckte, faßte ich noch weiter Vertrauen und fügte hinzu, daß ich mir auch neu beigebracht hatte, so simple Richtungsanzeigen wie links, rechts, rauf, runter, im Uhrzeigersinn, gegen den Uhrzeigersinn, über, unter und so weiter wiederzuerkennen. Jetzt standen mir diese Informationen in meinem Gedächtnis wieder zur Verfügung, doch ich mußte sie jedesmal ganz bewußt abrufen. Automatisch einfach irgendwelchen Richtungsangaben zu folgen, das funktionierte bei mir nicht mehr.

Dr. T. saß schweigend einen Moment lang da und betrachtete mich nachdenklich. Dann räusperte er sich und beglückwünschte mich zu meiner Hartnäckigkeit und zu meinen entschlossenen Selbsthilfemaßnahmen. Er meinte, das würde sehr viel über mich aussagen. Ich stieß einen Seufzer der Erleichterung aus.

Als ich danach sein Büro verließ, schlug ich prompt die falsche Richtung ein und marschierte geradewegs in einen Schrank hinein, statt an der Empfangstheke der Sprechstundenhilfe zu landen.

Als die neuen Testergebnisse vorlagen, bestellte mich der Neurologe erneut zu sich in die Praxis. Er sagte mir, daß keine Unregelmäßigkeiten bei der chemischen Blutanalyse, der Lumbalpunktion und den anderen Bluttests aufgetaucht wären. Die Resultate des EEG und der Magnet-Resonanz-Tomographie hingegen stünden auf einem ganz anderen Blatt. Laut Dr. T.s sorgfältigen Ausführungen deuteten diese Untersuchungen darauf hin, daß bei mir eine Schädigung in mehreren Quadranten meines zerebralen Gefäßsystems vorlag. Sachlich setzte der Arzt mir auseinander, daß ich trotzdem nicht nachlassen sollte in meinen Bemühungen, mir verlorenes Wissen wieder anzueignen, auch wenn es keine Möglichkeit gab, den Schaden ungeschehen zu machen oder zerstörtes Material wieder zu ersetzen. Er wies jedoch ausdrücklich darauf hin, daß die Ergebnisse meiner Gehirnszintigraphie wahrscheinlich besser ausfallen würden. Doch im Augenblick sehe es noch so aus, als hätte ich aufgrund eines »Multiinfarkts« – das heißt, aufgrund von mehreren »Kurzschlüssen« innerhalb der Blutgefäße des Gehirns – einen dauerhaften Schaden an einigen kleinen Gehirnarealen erlitten. Zu meinem großen Mißfallen fügte er noch hinzu, daß der Zustand progressiv sei.

Schweigend saß ich da und wollte meinen Ohren nicht trauen. »Wollen Sie damit sagen, daß es nur noch schlimmer, aber nie besser werden wird?« fragte ich und blickte zur Decke; ich wollte ihm nicht in die Augen sehen.

»Es wäre schon sehr hilfreich, wenn Sie so streßfrei wie möglich leben würden, aber ein Heilmittel dagegen gibt es nicht. Wenn Sie mit dem Rauchen aufhören, na ja, dann könnte es schon zu einer leichten Verlangsamung von einem bis zu vier Prozent kommen, aber ich sage es noch mal: Es gibt kein Heilmittel. Doch in der Zwischenzeit sollten Sie so froh und aktiv wie möglich leben. Beschäftigen Sie Ihren Geist. Versuchen Sie, verlorenes Wissen wieder aufzuholen. Es ist von größter Wichtigkeit, daß Sie sich geistige Anstöße gönnen und sich auch regelmäßig entspannen. Machen Sie Reisen. Besuchen Sie Freunde. Genießen Sie Ihr Leben.«

Und es gab noch einen Punkt, den er mit mir besprechen wollte.

»Diana, bisher haben Sie sehr viel Sinn für Humor bewiesen. Verlieren Sie den jetzt nicht. Halten Sie daran fest. Das wird Ihnen helfen, eine positive Einstellung sich selbst und auch dem Leben gegenüber zu bewahren. Eine positive Einstellung hilft vielen Menschen, Traumata zu überwinden.«

Ich nickte in dumpfer Ergebenheit.

»Und noch etwas«, fuhr der Arzt fort. »Gibt es in Ihrer Familie irgend jemanden mit einer ähnlichen Krankengeschichte?«

»Was?« Ich schaute ihn verwirrt an.

»Wir haben in solchen Fällen bisher immer einen starken Erbfaktor festgestellt. Ich möchte mich jetzt noch nicht festlegen und behaupten, Sie würden an Multiinfarkt-Demenz leiden. Es könnte ebensogut die Alzheimer-Krankheit sein. Oder beides. Ich will Sie nicht zu Tode ängstigen. Ich könnte mir vorstellen, daß Sie bereits genug Angst haben. Ich hätte sie, das weiß ich.«

Auf die Frage mit den Vererbungsfaktoren schüttelte ich nur verneinend den Kopf. Dann schaute ich ihm forschend in die Augen.

»Was haben Sie gesagt? Die Alzheimer-Krankheit? Nein!« rief ich.

»Für den Augenblick sollten Sie das nur als Möglichkeit in Betracht ziehen. Würden Sie denn wissen wollen, ob es tatsächlich so ist, Diana?«

»*Ich will alles wissen!*« Zusätzlich unterstrich ich diesen Satz noch mit einer entschlossenen Geste beider Hände. »Alles! Was immer es auch sein mag! Multiinfarkt-Demenz, Alzheimer, das eine, das andere, beides, ganz egal!«

Wie betäubt verließ ich anschließend die Praxis des Neurologen. Und ich hatte gedacht, daß dieser Besuch alle meine Ängste zerstreuen und mir helfen würde, wieder ich selbst zu werden. Statt dessen hatte der Arzt mir eben erklärt, daß ich durchhalten müsse, nicht lockerlassen dürfe, weil der Weg, der vor mir lag, ziemlich steinig werden würde. In einem Zustand der völligen Benommenheit steuerte ich meinen Wagen nach Hause und verfuhr mich dabei prompt zweimal, ehe ich den Weg in meine eigene Auffahrt fand. Dieses Mal jedoch war das mehr als verständlich.

Ich fühlte mich nicht sofort in der Lage, die Befunde des Neurologen mit meinem Mann zu besprechen. Jack war in den letzten Jahren keine sehr große Hilfe für mich gewesen. Bis auf absolut unvermeidliche Hinweise wie: »Ich denke, das Haus steht in Flammen«, hatten wir beide uns leider nicht mehr allzuviel zu sagen.

Ich hatte zwar das Gefühl, daß mein Haus tatsächlich in Flammen stand, fühlte mich aber nicht in der Lage, mich meinem Mann anzuvertrauen. Überwältigt von Schuldgefühlen und Einsamkeit, beschloß ich nach ein paar Tagen aber doch, ihn über die Befunde meiner medizinischen Tests aufzuklären.

Jack runzelte ungläubig die Stirn. »Hör doch endlich auf damit, dir wegen jeder Kleinigkeit gleich Sorgen zu machen!« meinte er. »Ich lasse mir doch auch keine grauen Haare wachsen und komme über die Runden!«

»Und genau das ist der Grund, warum ich mir Sorgen mache!« fuhr ich ihn an. »Und der Grund, weshalb du mit allem zurecht kommst.«

Jack wedelte erregt und verärgert mit den Händen. »Und noch etwas! Hör endlich mit dem Rauchen auf! Ich habe selbst schon überlegt, ob ich nicht aufhören soll. Keine Zigaretten mehr, und dir wird es gleich viel besser gehen, Diana!«

»Mach mir heute abend bitte keine Szene wegen der Zigaretten, Jack! Für heute reicht es mir auch so schon, mehr packe ich einfach nicht.«

»Siehst du?« Verzweifelt streckte er die Arme zur Decke. »Das ist ja wieder mal wunderbar! Du wirst dir wegen dieses Unsinns noch so lange den Kopf zerbrechen, bis du dich selbst völlig verrückt gemacht hast!«

Ich zog mich ins Schlafzimmer zurück und streckte mich auf dem großen Bett aus. In meinem Kopf hämmerte es. Zu allem Überfluß würde ich wahrscheinlich auch noch eine Migräne bekommen. Kurz entschlossen rief ich meine Freundin Elise an, die mich oft bei gesundheitlichen oder ehelichen Krisen wieder aufgeheitert hatte.

Bereits der Klang ihrer Stimme beruhigte mich etwas, und ich breitete ungeniert alle meine Ängste vor ihr aus. Ich berichtete so viel von meinem Gespräch mit Dr. T., wie mir wortwörtlich noch in Erinnerung war. Dann machte ich erschöpft eine Pause, um Elise Gelegenheit zu geben, das alles erst einmal zu verarbeiten.

»Diana«, sagte sie traurig, »ich wollte dich letztes Mal nicht erschrecken, aber das ist genau das, was ich befürchtet habe. Ich habe einige der Symptome sofort wiedererkannt.«

Aber es stehe doch immer noch die Gehirnszintigraphie aus, wandte ich voll verzweifelter Hoffnung ein. Elise erbot sich, mich zu diesem Test zu begleiten, der für die nächste Woche angesetzt war.

Auch wenn mich das Angebot meiner Freundin sehr rührte, lehnte ich ab. Mein eigener Ehemann hatte mich noch nie in die Praxis eines Neurologen begleitet. Er hatte mir das noch nie angeboten. Wenn ich also Unterstützung brauchen sollte, würde ich darauf bestehen, daß er die von der Gesellschaft erwartete Rolle des treusorgenden Gatten jetzt auch übernahm.

Eine Woche später trat ich zur Gehirnszintigraphie an, mittlerweile wieder in wesentlich besserer Verfassung. Die Assistentin tauschte meine Straßenkleidung gegen ein Krankenhausnachthemd ein und wies mich an, mich auf einen mit Kunstleder bezogenen Tisch zu legen, der unter einem länglichen Kasten stand, in dem sich ein Teil der hochmodernen Röntgenausrüstung befand. Der Zylinder am oberen Teil des Tisches sah so ähnlich aus wie der »Wäschetrockner« des Magnet-Resonanz-Tomographen.

Die technische Assistentin befestigte eine Blutdruckmanschette an einem meiner Finger und legte eine Infusionsnadel an meinen Arm. Mit sanfter Stimme erklärte sie mir die folgende Prozedur, bei der ein radioaktives Kontrastmittel erst injiziert und dann auf seinem Weg durch meine Gehirnwindungen via Konsole beobachtet und von dem sich drehenden Zylinder fotografiert wurde.

Bald darauf wurde der Drehzylinder eingeschaltet, und ich schloß die Augen und versuchte mich zu entspannen. Ich verspürte keinerlei Schmerzen, kein Unbehagen. Nur der beunruhigende Grund, der mich hierher geführt hatte, ging mir nicht aus dem Kopf.

Nach der Untersuchung zog ich mich schnell wieder an und verließ die ambulante Klinik. Als ich in den hellen Sonnenschein eines für Florida typischen Tages hinaustrat, öffnete ich impulsiv das Dach meines Cabrios und brauste mit dem Wind im Haar nach Hause. Es war der perfekte Tag für weiße Cabriolets mit den dazu passenden Fahrerinnen; Frauen, die sich um nichts in der Welt zu sorgen brauchten.

Als ich zu Hause ankam, beschloß ich, daß ich heute nichts für das Abendessen vorbereiten würde. Ich legte das schon angetaute Fleisch wieder in den Kühlschrank zurück, rief Jack in seinem Büro an und erklärte ihm, daß er mich an diesem Abend zum Essen ausführen dürfe.

»Irgendeine besondere Gelegenheit?« fragte er. »Und wer zahlt?«

»Heute abend wird angefangen zu leben, und nicht nur zu überleben«, verkündete ich schwungvoll. »Und zahlen darfst du, Süßer!«

Als ich den Hörer auflegte, klang mir sein Lachen noch im Ohr. Vielleicht sollte ich mich doch wieder mehr um meine Ehe kümmern – solange ich dazu noch in der Lage war.

Am Tag darauf rief die Sekretärin von Dr. T. wegen des Resultats der Szintigraphie bei mir an. Behutsam setzte sie mir auseinander, daß sich die Diagnose einer Demenz bestätigt hatte. Falls ich noch weitere Fragen haben sollte, würde sie gerne einen Termin für mich vereinbaren.

Nein, ich hatte keine weiteren Fragen. Ich war so vor den Kopf geschlagen, daß ich wortlos auflegte. Dann fuhr ich in die Stadt, um eine neue Zeitarbeitsstelle anzutreten.

Es bereitete mir mittlerweile große Schwierigkeiten, immer neue Stellungen in unbekannten Büros anzutreten. Eine neue Umgebung, neue Menschen, neue Parkplätze, neue Klienten – all das setzte mich doch sehr unter Druck und löste lähmende Angst in mir aus. Die Fahrt nach diesem Anruf war die reinste Qual, und ich mußte drei- oder viermal anhalten und nach dem Weg fragen.

Mein neues Büro lag in einem renovierten Altbau. An dem Tag kam ich in der einen Minute noch hervorragend mit meiner Arbeit zurecht, hatte im nächsten Augenblick aber bereits völlig vergessen, mit wem ich da am Telefon sprach und warum. Ein verlegenes Schweigen trat ein, und der Klient fragte mich schließlich, ob ich noch am Apparat sei. Verwirrt bat ich ihn, doch eine Minute zu warten, und drückte auf den Unterbrecherknopf. In der Zwischenzeit versuchte ich hektisch, mich an den Namen des Klienten und an unser Gesprächsthema zu erinnern. Doch mir wollte nichts einfallen. Ich hatte nicht den leisesten Schimmer. Auch auf meiner Schreibtischplatte konnte ich keinerlei Hinweis finden, worüber wir uns unterhalten hatten.

Dann läutete auch noch der Anwalt nach mir, und schließlich klingelte obendrein das andere Telefon. Eine kleine, untersetzte blonde Frau mit dick aufgetragenem Make-up kam in mein Büro und ließ sich schwer auf einen Stuhl fallen. Ich hatte keine Ahnung, wer sie war. Was wollte sie? Der Anwalt rief bereits ungeduldig nach mir.

Zitternd erhob ich mich hinter meinem Schreibtisch und ging in das Büro des Anwalts. Er wollte wissen, was los war. Warum klingelten alle Telefone gleichzeitig?

Ich schwankte und mußte mich an der Rückenlehne eines Stuhles festhalten, der neben dem Schreibtisch stand und voller Akten war. »Ich bin sehr krank und muß sofort weg«, flüsterte ich. »Gleich auf der Stelle. Es tut mir sehr leid. Ich werde dafür sorgen, daß die Agentur Ihnen einen Ersatz für mich schickt.«

Seine verwunderten Augen in meinem Rücken spürend, packte ich meine Handtasche und verließ fluchtartig das Büro. Nachdem ich mich in der vertrauten Begrenztheit meines Wagens erst einmal in Sicherheit gebracht hatte, blieb ich ein paar Minuten lang reglos sitzen, ehe ich den Motor anließ. Doch schlagartig wurde mir bewußt, daß ich ohne fremde Hilfe wahrscheinlich nicht mehr aus dem Parkplatz herausfinden würde. Alles sah so gleich aus. Ich kam mir vor wie in einem Labyrinth. Ich hatte mich bereits vorher des öfteren in Parkgaragen verfahren, und bei vielen anderen Gelegenheiten hatte ich die Erfahrung machen müssen, daß ich in größeren Geschäften immer im Kreis herumlief, da alle abzweigenden Gänge identisch zu sein schienen. Heute passierte es mir jedoch zum ersten Mal auf einem Parkplatz, noch dazu auf einem kleinen Parkplatz.

Ich stellte den Motor wieder ab, lehnte mich gegen die Kopfstütze zurück, schloß die Augen und holte tief Luft. Nach einer Weile ließ ich den Wagen wieder an und fuhr ein paarmal langsam um den Parkplatz, bis ich eine Ausfahrt fand. Anschließend holperte ich noch über eine Bordsteinkante, um endlich auf die Straße zu kommen.

Als ich schließlich doch noch ohne Unfall zu Hause ankam, ließ ich mir erst einmal ein heißes Schaumbad ein. Die Vorhänge waren immer noch zugezogen, und das ganze Haus war dunkel, aber ich änderte nichts daran. Ich zog mich aus und ließ meine Kleidungsstücke gleich dort auf dem Boden liegen, wo sie hingefallen waren. Dann machte ich es mir bequem in den heißen, duftenden Schaumblasen und ließ meine Sorgen aufweichen. Den Kopf an den glatten Badewannenrand gelehnt, tauchte ich so weit unter, bis mein Kinn in Höhe des Schaums lag und einige Blasen mich sogar an der Nase kitzelten. Mit geschlossenen Augen verweilte ich über eine Stunde in meinem Refugium.

Die Alzheimer-Gesellschaft hatte mir bereits Informationsmaterial zukommen lassen, das ich jedoch postwendend in den Papierkorb geworfen hatte, so, als ob es sich um etwas Abstoßendes und Pornographisches handelte. Doch als ob eine allwissende Macht ihre Finger im Spiel hätte, war an diesem Tag mit der Post eine weitere Broschüre angekommen, und dieses Mal warf ich sie nicht ungelesen weg.

Quer auf meinem Bett liegend, las ich die darin enthaltenen Artikel über die Krankheit. Ich hatte mir nach dem Bad nicht die Mühe gemacht, mich anzuziehen, und meine Steppdecke aus Satin fühlte sich glatt, kühl und himmlisch auf meiner nackten Haut an. Plötzlich wurde meine Aufmerksamkeit auf einen kurzen Artikel gelenkt, in dem eine neue Testmethode zur Diagnose der Alzheimer-Krankheit beschrieben wurde. Mein Pulsschlag erhöhte sich, als ich von diesem Test las, der immer nur SPECT genannt wurde und eine weitere Wunderwaffe der Nuklearmedizin sein sollte. Bei dieser neuartigen Prozedur werden Isotopen isoliert, die eindeutig darauf schließen lassen, welche Form der Demenz – falls überhaupt – vorliegt.

Bisher konnte die Alzheimer-Krankheit mit absoluter Sicherheit erst nach dem Tod durch Autopsie festgestellt werden. Jetzt war man mittels dieser neuartigen Untersuchungstechnik in der Lage, die dabei entstehenden seltenen Isotopen selbst in frühen Fällen von Demenz zu isolieren und darzustellen.

Ich rief sofort in der Praxis meines Neurologen an. Jetzt hatte ich nämlich ein paar Fragen. Man gab mir auch gleich einen Termin für den nächsten Tag. Dabei fiel mir auf, daß ich offensichtlich zur Stammpatientin geworden war, da ich nicht mehr lange warten mußte, bis Dr. T. Zeit für mich hatte.

Kaum hatte er den Untersuchungsraum betreten, in dem ich bereits auf ihn wartete, überfiel ich ihn schon mit den Notizen, die ich mir über den SPECT-Test gemacht hatte und nun laut vorlas. Dr. T. meinte, daß der Test noch relativ neu auf dem Markt und deshalb eventuell nicht ganz verläßlich sei. Ich schaute ihn flehend an.

»Bitte. Ich muß es wissen. Bitte.«

Zur Bekräftigung erzählte ich ihm von meiner abgebrochenen Zeitarbeit in der Anwaltskanzlei und von den mittlerweile insgesamt zwölf verbrannten Topflappen und Tischdecken. Ich zeigte ihm die Verbrennungen an meinen Handgelenken und Armen, die ich mir dabei zugezogen hatte, als ich ohne Schutz heiße Töpfe in das Backrohr gestellt und wieder herausgenommen hatte. Ich erzählte ihm, daß ich mich selbst in dem Lebensmittelgeschäft in meinem Viertel nicht mehr zurechtfand, in dem ich immerhin seit über

58

zwanzig Jahren einkaufte. Ich zeigte ihm meine Notizen und Skizzen mit den besten Fahrtrouten zur Bank, zur Post, zum Lebensmittelhändler und zur Arbeit.

Die Tränen fingen zu laufen an, als ich ihm gestand, wie verzweifelt ich darüber war, daß ich mich wegen meiner zunehmenden Verwirrung und Desorientiertheit bei der Arbeit so sehr hatte gehenlassen. Ich erzählte ihm auch von meinen Schwierigkeiten, die Ausfahrt des kleinen Parkplatzes zu finden.

»Wissen Sie, Diana, ich denke wirklich, es ist an der Zeit, daß Sie zu arbeiten aufhören«, warf er vorsichtig ein, als ich mal kurz Luft holte. »Ich würde Ihnen raten, daß Sie in Rente gehen.«

Schockiert sah ich ihn an. »Aber ich bin doch noch viel zu jung, um in Rente zu gehen«, erwiderte ich zaghaft.

»Ich dachte dabei auch eher daran, daß Sie einen Antrag auf Erwerbsunfähigkeit stellen sollten. Sie haben es ohnehin bereits bemerkenswert lange ausgehalten. Es ist jetzt wirklich an der Zeit, daß Sie endlich kürzertreten und etwas für sich tun.«

»Ich würde doch niemals die Bedingungen für Erwerbsunfähigkeit erfüllen«, protestierte ich. »So … so invalide bin ich nun auch wieder nicht«, fügte ich hinzu.

»Ich bin sogar dafür, daß Sie sofort aufhören. Mein Gott, Sie haben unter diesen Umständen lange genug gearbeitet. Machen Sie Schluß.«

»Nein«, erwiderte ich leidenschaftlich. »Ich habe noch ›Meilen vor mir, bevor ich schlafen kann‹, Dr. T. Sehen Sie? Der Titel fällt mir sogar ein! Und ich weiß auch noch, wer das Buch geschrieben hat! Robert Frost! Sehen Sie?«

Der Neurologe traf eine Abmachung mit mir. Er würde einen SPECT-Test für mich anordnen, wenn ich zu arbeiten aufhörte. Schließlich hatte er noch ein Argument in petto, das mir doch zu denken gab.

»Diana, wenn Sie sich selbst schon nicht schonen wollen, dann sollten Sie wenigstens daran denken, was Ihr Zustand für Auswirkungen auf andere hat. Sie können nämlich nicht mehr länger ganz bestimmte Pflichten für bestimmte Menschen übernehmen, wie das bisher der Fall war.«

»Okay«, sagte ich kleinlaut. »Ich werde darüber nachdenken. Aber wenn ich schon nicht mehr als Anwaltssekretärin arbeiten kann, so wird es doch noch andere Jobs für mich geben. Als Verkäuferin in einem kleinen Schreibwarengeschäft vielleicht? Ich liebe alle Arten von Glückwunschkarten. Das ginge doch, oder?«

Die Augen des Arztes blickten freundlich, als er zaghaft lächelte und meinte, ich hätte mir eine Eins für meinen großartigen Einsatz verdient. Doch tief in meinem Innern wüßte ich doch sicherlich, daß ich keine Kassen mehr bedienen, kein Wechselgeld mehr herausgeben und generell nicht mehr so leicht mit Geld umgehen könnte. Trotzdem würde er einen SPECT-Test für mich vereinbaren; hinterher könnten wir dann immer noch über die Beendigung meiner Arbeit und meinen Antrag auf Erwerbsunfähigkeitsrente stellen.

Als dann der Tag des SPECT-Tests gekommen war, hatte ich Schwierigkeiten, das richtige Labor zu finden. Zweimal mußte ich nach dem Weg fragen und hatte selbst dann noch Probleme. Schließlich half mir eine Frau in der rosa Uniform der ehrenamtlichen Helferin weiter und führte mich direkt bis vor das Labor.

Ich mußte dreißig Minuten warten, ehe der Test begann. Aufgrund meiner Orientierungsprobleme ging ich meistens immer schon eine Stunde früher aus dem Haus, damit ich genügend Zeit hatte, mich erst zu verlaufen und dann meine Richtung wiederzufinden. Während ich nun wartete, machte sich meine Blase schmerzhaft bemerkbar. Ich wollte auf keinen Fall auf die Toilette gehen, da ich wahrscheinlich nie mehr zurückgefunden hätte. Doch schließlich konnte ich es nicht mehr länger aushalten und wandte mich an die Empfangsschwester des Labors.

»Ich habe große Schwierigkeiten, mich zu orientieren. Könnten Sie mir bitte sagen, wie ich zur nächsten Toilette komme?«

Die Schwester entsprach meiner Bitte und erklärte mir in zwei simplen Schritten, wie ich gehen mußte. Natürlich verlief ich mich doch und mußte ein weiteres Mal um Hilfe bitten, ehe ich endlich mit einem Seufzer der Erleichterung die Toilette betrat. Anschließend versuchte ich, auf dem gleichen Weg wieder in das Labor zurückzufinden, ging aber hoffnungslos in dem Labyrinth aus Korridoren verloren. Schließlich packte mich sogar die Angst, ich könnte auch noch in dem falschen Stockwerk sein, obwohl ich mich nicht daran erinnern konnte, die Etage verlassen zu haben, auf der das Labor lag.

Da kam mir eine ältere, weißhaarige Dame in Krankenhausuniform entgegen. Mir meine Tränen verkneifend, hielt ich die Frau an. »Bitte, helfen Sie mir«, stieß ich heiser hervor. »Ich bin eine Demenz-Patientin und kann dieses Labor nicht mehr finden…« Dabei zeigte ich der Frau meinen Zettel mit dem Namen des Tests und der Raumnummer.

»Ach du meine Güte! Sind Sie denn ganz allein? Ist denn niemand bei Ihnen?« rief die Frau schockiert aus. »Hat Sie denn keiner herbegleitet?«

Ich unterdrückte meinen Wunsch, ihr ins Gesicht zu schreien: »Ja, ja, ich bin ganz allein gekommen, wie ein großes Mädchen!« Statt dessen drückte ich der Frau den Zettel in die Hand. Hastig nahm sie mich am Arm und begleitete mich zu dem Labor; sie kam auch noch kurz mit hinein und sprach mit dem Personal.

Dieser Test zog sich ziemlich lange hin und erforderte meinerseits etwas mehr Mitarbeit als die vorhergegangenen Untersuchungen. Ich mußte mich wieder auf einen kunstlederbezogenen Tisch legen, doch dieses Mal wurde mir zusätzlich das Kinn auf die Brust gedrückt und festgeschnallt, damit sich mein Kopf während der Untersuchung nicht bewegte. Während die große Röntgenkamera über mir kreiste, blieb eine Assistentin neben mir stehen. Auch hier wurde mir vor dem eigentlichen Test ein Kontrastmittel intravenös injiziert. Eine zweite Assistentin bediente einen Computer mit Monitor, auf dem in verschiedenfarbigen Schichtaufnahmen unterschiedliche Teile meiner Gehirnregion zu sehen waren. Diese Assistentin tippte im Verlauf der ganzen Prozedur immer wieder Anweisungen für Kamera und Computer ein. Plötzlich riß der Riemen, der mein Kinn fixierte. Man konnte den Test nicht mehr unterbrechen, und so mußte mein Kopf wieder festgeschnallt und mein Kinn gegen die Brust gedrückt werden, während die Maschine sich bereits klickend drehte. Die Prozedur dauerte ungefähr eine Stunde, und mein Hals tat mir ziemlich weh wegen der unbequemen Lage, die ich so lange einnehmen mußte. Doch schließlich ging auch dieser Test zu Ende, und ich war wieder eine freie Frau.

Voller Ungeduld erwartete ich die Ergebnisse des SPECT-Tests. Dr. T. wollte sich erst einmal in Ruhe alle Aufnahmen und den schriftlichen Bericht ansehen, ehe er das Resultat mit mir besprach. Schließlich lagen die Ergebnisse vor. Hastig riß ich den Umschlag auf und las den Bericht.
Man hatte tatsächlich »seltene« Isotopen in meinem Gehirn gefunden. Der Radiologe sah darin eine Bestätigung der Diagnose Alzheimer-Krankheit und Multiinfarkt-Demenz. Dr. T. wandte jedoch ein, daß er aufgrund der Neuheit des Testverfahrens zu diesem Zeitpunkt nur unter großem Vorbehalt eine derart schwerwiegende Diagnose aussprechen würde.

Kapitel 5

Freunde für
alle Jahreszeiten

Es war ein Tag mit sehr endgültigem Charakter; alle meine Sinne waren wie betäubt, als ich den folgenden Brief meines behandelnden Neurologen in Händen hielt. Er hatte sich bisher beharrlich geweigert, mich voll und ganz über meine Diagnose aufzuklären; er wollte sie mir erst dann mitteilen, wenn ich mich in die Hände eines Psychologen begäbe, der mir helfen sollte, mit meiner Situation umzugehen.

Liebe Diana,
wie wir bereits im Vorfeld ausführlich besprochen haben, leiden Sie meiner Meinung nach unter Demenz. Die Wahrscheinlichkeit ist groß, daß die Ursache dafür in der Alzheimer-Krankheit zu suchen ist. Diese Diagnose basiert auf den Ergebnissen unserer Testverfahren, den klinischen Untersuchungen und auf statistischer Wahrscheinlichkeit.
Falls ich Ihnen in irgendeiner Weise behilflich sein kann, an klinischen Testreihen teilzunehmen, dann lassen Sie es mich wissen, es würde mich freuen.
Mit freundlichen Grüßen

Dr. med. R.S.T.
Neurologische Praxis

Ich war völlig am Boden zerstört. In solchen Zeiten ist derjenige am besten dran, der einen vertrauten Freund oder geliebten Menschen hat, an den er oder sie sich wenden kann, um Trost, Zuneigung, Linderung und darüber hinaus noch eine positive Einstellung zu finden. Ich selbst hatte diese enge Freundin und Vertraute nicht mehr.

Meine liebe Freundin Elise war einen Monat zuvor gestorben. Sie hatte sich – Gott sei Dank nicht allzulange – mit einem Melanom, einer besonders heimtückischen Krebsart, quälen müssen. Durch die Hilfe, die ich Elises Familie bei ihrer Pflege zukommen ließ, hatte ich Gelegenheit, meiner Freundin einiges von dem Trost und der Zuneigung zurückzugeben, die sie mir geschenkt hatte.

Ich wußte zwar, daß Elise jetzt frei von Leiden und deshalb auch »besser dran« war, doch selbstsüchtig wie ich war, wünschte ich mir, wir könnten doch noch ein einziges Mal ganz gemütlich bei einer dampfenden Tasse Kräutertee zusammensitzen und Vertraulichkeiten austauschen. Wehmütig trat ich an den Küchenschrank, um mir allein meinen bevorzugten Himbeertee zuzubereiten. Ich würde diese Tasse in Erinnerung an Elise trinken. Als ich nach der Packung mit dem Himbeertee greifen wollte, hielt ich, versonnen lächelnd, kurz inne und griff statt dessen nach der Orangengewürzmischung, Elises Lieblingstee.

In Gedanken an meine liebe verstorbene Freundin brühte ich mir eine Tasse Tee auf und trug sie und den Brief von Dr. T. in mein Schlafzimmer. Da ich noch nicht bereit war, diese neue Wendung in meinem Leben mit irgend jemandem – außer Elise – zu besprechen, versteckte ich den Brief sorgfältig vor meinem Mann. Ich hatte keine Ahnung, wie Jack auf schlechte Nachrichten reagieren würde. Normalerweise war er als moralische Stütze ungefähr so effektiv wie eine Schaumgummikrücke für ein gebrochenes Bein.

Anschließend trug ich meine Tasse Tee ins Badezimmer und ließ mir ein Schaumbad ein. Wie ich so in dem duftenden Wasser lag, mich langsam entspannte und an meinem Tee nippte, dachte ich darüber nach, wie sehr sich mein Leben in den letzten paar Jahren – seit meiner neurologisch bedingten Probleme – doch verändert hatte. Ich hatte ein halbes Jahrhundert auf dem Buckel und näherte mich mittlerweile meinem dreiundfünfzigsten Geburtstag. Voll morbider Neugierde fragte ich mich, welche Veränderungen in den nächsten paar Jahren wohl weiter mit mir vor sich gehen würden. Es gab noch so vieles, was ich in mich aufnehmen und begreifen wollte, dabei ließen meine Fähigkeiten dazu von Tag zu Tag nach.

Was meine Bekanntschaften anbetraf, war ich mit der Zeit immer wählerischer geworden. Mein Mann und ich hatten eine Periode stürmischer ehelicher Auseinandersetzungen hinter uns, so daß wir leider keine gemeinsamen Freunde mehr hatten, wie das in früheren Jahren der Fall gewesen war. Vor allem bei neuen Freundschaften war ich besonders vorsichtig geworden, was daran lag, daß ich Angst hatte, man könnte mir auf die Schliche kommen und entdecken, welche Probleme ich mit meinem Orientierungssinn und meinem Gedächtnis hatte.

Ich machte jedem, einschließlich mir selbst, etwas vor. Da ich aber immer noch ein sehr extrovertierter Typ war, schnell mit Fremden ins Gespräch kam und von Herzen gern und ausgiebig lachte, mußte ich immer auf der Hut sein. Nie durfte ich zulassen, daß mir Bekannte zu nahe kamen, zu vertraut wurden. Die Redewendung: »Was ich nicht weiß, macht mich nicht heiß«, bekam plötzlich eine ganz neue Bedeutung für mich. Ich wollte nicht, daß Außenstehende mich zu gut kennenlernten. Wenn ich also immer sorgfältig auf einen gewissen Sicherheitsabstand achtete, würde nie jemand hinter meine immer ausgeprägteren Schwächen kommen.

Ich trank meine Tasse Tee aus und stieg aus der Wanne. Während ich mich abtrocknete, ging ich – wie es meine Gewohnheit war – direkt ins Schlafzimmer, um mich dort auf meiner hellblauen Satindecke auszustrecken und für eine Weile in dem kühlen Raum auszuruhen. Mein Blick blieb dabei auf einem Stapel ungeöffneter Post haften, die neben meinem Bett lag. Mittlerweile las ich die Broschüren, die mir regelmäßig von der Alzheimer-Gesellschaft zugesandt wurden, um mich über eventuelle Neuheiten in der Behandlung der Krankheit zu informieren, die mir hätten helfen können. Müßig blätterte ich den Stapel durch und trennte die allgemeine Post und Reklame von den interessanten Briefen. Dabei bemerkte ich auch den Umschlag mit dem Absender namens Davidson, der den Poststempel einer kleinen Stadt in Ohio trug, in der ich aufgewachsen war. Ich öffnete den Brief und las mit großer Freude, daß er von meiner besten Kindheitsfreundin Marie Thomerson stammte, die jetzt Marie Davidson hieß.

»Liebe Diana«, begann der Brief. »Ich habe Deine Adresse in einigen alten Papieren gefunden, die ich von unserer geliebten ehemaligen Pfadfinderführerin geerbt habe. In der heutigen Welt, in der ständig Orte und Gesichter wechseln, weiß ich, daß dieser Brief mit neunzigprozentiger Chance mit dem Vermerk ›Adressat unbekannt‹ an mich zurückgehen wird, aber falls Du tatsächlich die frühere Diane Friel bist und der Brief Dich auch erreicht, dann schreib mir bitte. Ich hieß früher Marie Thomerson und würde wirklich gerne von Dir hören.«

Ich lächelte und griff sofort zum Kugelschreiber, um ihr zu antworten.

»Liebe Marie, gratuliere! Du gehörst tatsächlich zu den zehn

Prozent! Ich wohne immer noch hier. Dein Brief war wirklich eine wunderbare Überraschung an einem sonst ziemlich verkorksten Tag.«

Ich beschrieb ihr dann kurz meine Ehe, nannte ihr Namen und Alter meiner Kinder und meiner beiden Enkelkinder und schilderte ihr meine berufliche Laufbahn. Sorgfältig vermied ich es jedoch, auf meinen Gesundheitszustand einzugehen.

Aber ihr Brief hatte mich aufgeheitert, und so zog ich mich schnell an und fuhr gleich zum Postamt, um mein Antwortschreiben an Marie aufzugeben.

Marie und mich verbanden viele schöne Kindheitserinnerungen. Zusammen hatten wir im Frühling Narzissen gepflückt, Schlammkuchen gebacken und im Sommer mit Rosenholzpuppen gespielt. Im Herbst verwandelten wir uns in Architektinnen und Erbauerinnen weitläufiger Blatthäuser, für die wir großzügige Pläne entwarfen; und voller Freude wälzten wir uns dann in den Haufen aus buntem Laub, das so stechend roch. Während der langen Winter in Ohio bauten wir Schneemänner und stellten Engel und Eiscreme aus Schnee her.

Unser liebster Zeitvertreib aber waren die Samstagsmatineen, die im einzigen Kino des kleinen Ortes stattfanden. Uns gefiel einfach jeder Film, aber unsere absoluten Favoriten waren die Musicals. Nach jeder Vorstellung spielten wir die verschiedenen Rollen nach und sangen und tanzten uns das Herz aus dem Leib.

In mich hineinkichernd, erinnerte ich mich wieder an den Tag, an dem Marie und ich »Singing in the Rain« mit Gene Kelly, Donald O'Connor und Debbie Reynolds gesehen hatten. Als wir aus dem Kino traten, regnete es in Strömen. Wir ließen uns davon nicht stören und hüpften und tanzten durch die Pfützen auf dem Bürgersteig und im Rinnstein und sangen dabei jedes Lied, das im Film vorkam, lauthals nach, bis es an der Zeit war, daß jede von uns ihren jeweiligen Nachhauseweg antrat.

Gene Kelly hatte in dem Film meisterhafte Tanzszenen hingelegt, unter anderem auch eine, in der er durch eine regennasse Straße läuft, in seinem wilden Tanz von einer Pfütze in die andere springt und um Straßenlaternen wirbelt. Was es nun in meiner Straße im Überfluß gab – besonders, wenn es in Strömen geregnet hatte –, das waren ebensolche tiefe Pfützen und Straßenlaternen. Als ich zu Hause ankam, waren meine blauen Wildlederschuhe völlig ruiniert, und meine Kleidung und mein Haar troffen vor Nässe, die sich in kleinen Pfützen um meine tanzenden Füße sammelte. Meine Mutter war außer sich vor Wut.

Sie hatte nämlich wirklich alles in ihrer Macht Stehende versucht, aus mir eine kleine Prinzessin zu machen, aber mir hatte es vollkommen gereicht, eine kleine Pippi Langstrumpf zu bleiben. Mutter hatte mir die ganze Etikette und alle Manieren beigebracht, die man von einer jungen Dame erwartet. Damit ich Haltung und Anmut erlernte, hatte sie mich mit einem Buch auf dem Kopf die Treppe rauf und runter stolzieren lassen und mich auch noch zu Tanz-, Klavier- und Gesangsstunden ermutigt. Doch das Lächeln blieb mir im Hals stecken, als mir wieder einfiel, daß meine Mutter sogar Bügelarbeiten angenommen hatte, um sich den Sprechunterricht für mich leisten zu können. Und wozu das Ganze? Der einzige Nutzen, den ich aus all den Unterrichtsjahren gezogen hatte, war eine tiefsitzende Liebe zu Musik und Tanz.

Wieder umspielte ein Lächeln meine Lippen, als mir einfiel, wie schockiert meine Mutter gewesen war, als sie erfahren hatte, daß ich – bereits als Erwachsene – einen Kurs in Bauchtanz belegt hatte und mit meinen Künsten in einem

Restaurant am Ort aufgetreten war, das auf solche Unterhaltung spezialisiert war. Aber das war ein ausgezeichnetes Training gewesen. Ich war zwar bereits mit einer Veranlagung gesegnet, die mich schlank bleiben ließ, aber der Bauchtanz hielt darüber hinaus nicht nur meine Muskeln, sondern auch noch meine geistige Einstellung jung und in Form.

Die Erinnerungen taten mir gut. Immer noch voller nostalgischer Gedanken, ging ich in das leerstehende Schlafzimmer und schaute mir die Erinnerungsfotos aus meiner aktiven Zeit als Tänzerin an. Ich seufzte, als ich mir diese Zeugnisse unwiederbringlicher Tage betrachtete. Was vorbei war, war vorbei!

Bei einer Aufnahme meiner Mutter hielt ich inne. Es war nun schon einige Jahre her, seit sie an Krebs gestorben war, viel zu jung.

Dann ging ich zu der Truhe aus Zedernholz, die meiner Mutter gehört hatte und jetzt am Fußende des Doppelbettes stand. Ich öffnete sie vorsichtig und kramte in den Sachen meiner Mutter. In diesem noch immer nach Zedernholz duftenden Kleinod befanden sich viele Erinnerungen. Meine Hände blieben auf einer Schachtel liegen, die ich nach Mutters Tod dort verstaut hatte. Sie enthielt Papiere, die ich nicht wegwerfen wollte, sondern fein säuberlich mit anderen Dingen meiner Mutter aufgehoben hatte. Ich machte die Schachtel auf und entnahm ihr die Kinderzeichnungen, die mein Bruder und ich für meine Mutter angefertigt hatten, dazu kleine Duftkissen, die ich einmal für sie genäht hatte.

Da fielen mir die Karten auf. Nach Mutters Tod hatte ich mehrere geheimnisvolle, handgezeichnete Karten und dazu noch irgendwelche Schmierzettel mit hingekritzelten Richtungsangaben entdeckt. Sie steckten beispielsweise in Handtaschen, Kommodenschubladen und Schreibtischen. Da ich damals jedoch mit ganz anderen Dingen beschäftigt gewesen war, um mir groß Gedanken darüber zu machen, hatte ich sie zusammen mit anderen Sachen in die Schachtel gepackt. Jetzt strich ich jede einzelne Karte und zerknitterte Notiz glatt und legte sie nebeneinander, bis sie den ganzen Schlafzimmerboden bedeckten. Die Karten bildeten alle Orte ab, die meine Mutter jemals in der Stadt aufgesucht hatte, auch den Weg zu meinem Haus und zu dem meines Bruders. Während ich jede Aufzeichnung las, fielen mir auch wieder Mutters exzentrische Gewohnheiten ein. Sie verließ nie unsere Nachbarschaft und fuhr auch nie nachts mit dem Auto. Mein Bruder und ich machten uns ständig lustig über ihre »Gedächtnislücken«, worüber sie sehr zornig wurde, auch wenn es von uns Kindern nicht böse gemeint war.

Plötzlich überlief es mich eiskalt, als mir der Tag wieder einfiel, an dem ich meiner Mutter etwas sagen wollte, sie mich aber nicht mehr erkannte.

Ich erhob mich von den Notizzetteln und kehrte in mein Schlafzimmer zurück, wo ich mein eigenes Notizbuch mit meinen täglichen Gedächtnisstützen zur Hand nahm. Als ich die Einträge durchblätterte, stieß ich auch auf die Frage von Dr. T., der hatte wissen wollen, ob irgendwelche erblichen Belastungen vorlägen, die mit meinen neurologischen Problemen zu tun haben könnten. Ich hatte verneint. Doch jetzt war ich verunsichert. Konnte es sein, daß meine Mutter damals angefangen hatte, dieselben Symptome zu zeigen, und daß es niemandem, nicht einmal ihren beiden Kindern, aufgefallen war, daß sie vielleicht ein Problem hatte?

Ich dachte über Dr. T.s wiederholten Vorschlag einer Besprechung im Familienkreis nach, in deren Verlauf ich meine Kinder über meine Situation aufklären sollte. Bis jetzt hatte ich seinem Vorschlag nicht Folge geleistet. Ich brachte es einfach nicht über mich, mich meinen Kindern anzuvertrauen. Ich konnte meine Lage ja nicht einmal selbst akzeptieren. Mein Verstand sagte mir zwar, daß mein Zustand kein Grund war, mich zu schämen, aber vom Gefühl her stellte das eine Demütigung für mich dar. Ich büßte Schritt für Schritt meine Intelligenz, mein Gedächtnis ein, und mit meinem Orientierungssinn ging es ebenfalls rapide bergab.

Es war dieses Gefühl der Verlegenheit, das mich davon abhielt, mich meiner Familie und meinen Freunden anzuvertrauen. Ich wußte auch nicht, wie sie mein Geständnis aufnehmen würden. Falls sie nämlich zu gönnerhaft reagieren und in mir ein Gefühl der totalen Wertlosigkeit auslösen sollten, würde ich mich sehr darüber ärgern; würden sie andererseits aber nur achselzuckend gleich wieder zur Tagesordnung übergehen, würde mich das schrecklich verletzen. Es würde mir einfach das Herz brechen.

Dabei wünschte ich mir so sehr, ich könnte meine Last irgendwo loswerden, meine Gedanken irgend jemandem enthüllen, meinen innersten Ängsten und Sorgen Ausdruck verleihen und liebevolle Unterstützung und Verständnis empfangen.

Ich wußte auch nicht, wie mein Mann es aufnehmen würde, so deutlich mit meiner Situation konfrontiert zu werden. Aber er mußte es bald erfahren. Mein Einkommen war nämlich drastisch gesunken, seit ich mit der Teilzeitarbeit angefangen hatte. Was würde passieren, wenn ich eines Tages gar keine Anstellung mehr bekäme?

Was ich wollte, nein, brauchte, das war jemand, der mir versicherte, daß er – ganz gleich, was die Zukunft auch für mich brächte – zu mir stehen und an meiner Seite oder auch für mich, falls erforderlich, kämpfen würde. Ich wollte aus dem Mund eines Menschen die Versicherung hören, daß man mich nicht einfach abschieben und verkümmern lassen würde. Ich wollte hören, daß man mir Ermutigung, Liebe und moralische Unterstützung geben und mich, falls nötig, auch pflegen würde.

Ein Frösteln überlief mich.

Langsam und sehr behutsam packte ich die geheimen Aufzeichnungen und Karten meiner Mutter wieder in die Schachtel zurück und legte diese wieder an ihren Platz in der Zedernholztruhe.

Kapitel 6

Ein
neuer Anfang

Marie, meine Kindheitsfreundin, und ich hatten angefangen, uns mit einer Flut von Briefen zu bombardieren; wir schickten uns Fotos, Videobänder, Kassetten und führten Ferngespräche, die viel zu lang und zu zahlreich für unser beider Budgets waren.

Wir waren ganz aus dem Häuschen vor Freude, als wir entdeckten, daß wir beide immer noch dieselbe intensive Beziehung zueinander hatten wie damals, als wir noch klein waren. Jede brachte die Freundin nun auf den neuesten Stand ihres Lebens, informierte sie über die Vergangenheit und die Gegenwart und berichtete von ihren Hoffnungen für die Zukunft. Wir teilten Erinnerungen und Tagträume. Obwohl unser Lachen und unsere Tränen uns beide wieder eng zusammenschweißten, war ich immer noch nicht fähig, Marie über meine Eheprobleme oder meinen Gesundheitszustand aufzuklären.

Ich erzählte Marie von meiner Ehe mit Jack McGowin und schilderte ihr detailliert jedes einzelne meiner drei Kinder und beiden Enkelkinder. Marie berichtete mir im Gegenzug von ihrer eigenen Ehe mit David Davidson und davon, daß sie nicht nur ihre vier eigenen Kinder großgezogen hatte, sondern darüber hinaus auch noch als Stiefmutter von insgesamt neun anderen Kindern fungiert hatte. Marie war ebenfalls Großmutter von »dreieinhalb« Enkelkindern, wie sie sich ausdrückte.

Marie und Dave hatten die Absicht, in ein paar Jahren nach Colorado umzuziehen, sobald er es sich leisten konnte, in vorzeitigen Ruhestand zu gehen. Sie wollten Ohio und die Zivilisation hinter sich lassen und in Flanellhemden, Stiefeln und einer Hütte in den Bergen ihren Lebensabend verbringen. Ich mußte gestehen, daß ich den Rest meiner Tage nur liebend gerne in Florida verbringen würde, da ich unsere subtropischen Brisen, weitläufigen Strände und die Rosen, die das ganze Jahr über blühten, einfach zu sehr mochte.

»Hast du überhaupt eine Vorstellung, wie kalt so eine Berghütte in Colorado sein kann? Ich pflücke im Winter noch die Bananen vom Baum«, hielt ich ihr entgegen. »Und das ganze Jahr über blühen bei uns die Rosen.«

Marie lachte nur und meinte, ich würde schon auf Besuch zu ihnen kommen und mich selbst davon überzeugen müssen, wie die Berge wirklich seien, wenn sie und Dave ihren großen Umzug erst einmal hinter sich hätten.

Wir planten, uns gegenseitig zu besuchen. Ich wollte Marie meinen Lieblingsplatz am Meer zeigen, den Lidostrand von Ponce Inlet. Marie wünschte sich, daß ich meinen Heimatort wiedersehen und mir anschauen sollte, wie sehr er sich verändert hatte.

Ich wünschte mir ebenfalls, ihn wiederzusehen. Diese Pilgerfahrt ging mir schon lange durch den Kopf. Ich sehnte mich danach, alte Freunde zu treffen und durch die Straßen zu schlendern, die ich als Kind gekannt hatte. Ich wollte wieder mit der Diana Friel in Kontakt kommen, die ich einst gewesen war, ehe es sie bald nicht mehr gab.

Je mehr Zeit verstrich, desto öfter fragte ich mich, ob ich Marie gegenüber meine neurologischen Probleme nicht doch enthüllen könnte. Die Aussicht schreckte mich zwar, da ich fürchtete, es könnte unserer wiedererwachten Freundschaft einen Knacks versetzen. Trotzdem war es wahrscheinlich das beste, daß Marie vorgewarnt war, da mein Zustand eventuelle Treffen erschweren könnte – und das besser heute als morgen. Denn morgen könnte es vielleicht zu spät sein. Ich hatte ja keine Ahnung, wieviel Zeit mir noch blieb. Der Neurologe wollte, oder konnte, mir keine Zeitprognose geben. Das lag völlig in Gottes Hand. Ich hatte vielleicht noch zwanzig Jahre, um mich mit Freunden zu treffen, vielleicht aber nicht einmal mehr zwanzig Monate.

In dem Maße, in dem meine Arbeitstage weniger wurden, bereitete ich Marie schrittweise darauf vor, daß ich ein paar Probleme haben könnte, die es nötig machten, daß »ich mir mehr Ruhe und Freizeit gönnte als der Rest in unserem Alter«. Am besten war wohl, ich brachte es ihr in kleinen Dosen bei, dachte ich mir. Ich wollte nicht riskieren, die inzwischen enger gewordene Beziehung zur Seelenfreundin meiner Jugend gleich wieder zu verlieren.

Als Überraschungsgeschenk schickte mir Marie eines Tages ein kleines Büchlein, das sie auch an die anderen Klassenkameraden aus meiner Heimatstadt geschickt hatte. Verschiedene Schüler hatten Aufsätze oder Anekdoten zu diesem Büchlein beigesteuert. Marie hatte eine Bemerkung hineingeschrieben: »Du mußt unbedingt Kurt Fullers Artikel lesen!« Gehorsam setzte ich mich in meinen Lieblingssessel und fing an, die schriftstellerischen Ergüsse meiner ehemaligen Mitschüler zu lesen.

Als ich zu Kurt Fullers Beitrag kam, mußte ich wehmütig lächeln bei den Erinnerungen, die er darin aufführte und von denen ich viele teilte. Kurt, ich und noch ein kleiner Junge, James Barber, hatten viele großartige und auch nicht so großartige Abenteuer zusammen erlebt. Einmal hatten die beiden Jungen einen Plan ausgeheckt, um meine Höhenangst auszunützen. Dabei hatten sie mich buchstäblich wie einen lockenköpfigen kleinen Torpedo die große Rutsche an unserer Volksschule hinuntergeschubst.

Ein anderes Mal, nachdem James und ich einen Film gesehen hatten, der unter anderem auch von Blutsbrüderschaft handelte, hatte ich ihn hinterher überredet, dasselbe bluttriefende Ritual auch mit mir zu vollziehen, damit er mein Blutsbruder wurde.

Bei einer anderen Gelegenheit hatte Kurt, der normalerweise der Anführer bei den Streichen der beiden Jungen gegen mich war, sein Meisterstück abgeliefert. Während des Unterrichts in der dritten Klasse hatte Kurt plötzlich angefangen, sein Gesicht zu allen möglichen gräßlichen Grimassen zu verziehen. Ich saß hingerissen da und kicherte anerkennend, während seine Darbietung immer wilder wurde. Da sprang Kurt unvermittelt von seinem Platz neben mir auf und drückte mir mit seinen acht Jahren einen unbeholfenen Schmatz auf meinen Mund.

Während ich so Kurts Erinnerungen an seine Siege auf dem Sportplatz, in der Schule und außerhalb dieser beiden Betätigungsfelder las, hielt ich plötzlich ungläubig inne. Er hatte nämlich eine launige Beschreibung dieses ersten Kusses eingestreut, bei der er sehr gut, ich dagegen ziemlich schlecht abschnitt. Es war vor allem seine Beschreibung von mir als Kind, die mir die Zornesröte ins Gesicht trieb.

»Sie trug dicke, runde Brillengläser, ging über den großen Onkel und hatte Holzwolle auf dem Kopf.«

Ich feuerte eine volle Breitseite auf meinen Liebhaber aus der dritten Klasse ab, indem ich mich mit meiner eigenen Version dieses Kusses rächte und alle übrigen Klassenkameraden, die seine Erzählung erhalten hatten, mit einer Kopie meiner Version versorgte.

Zu meiner Überraschung rief Kurt mich ein paar Tage später an. Wir amüsierten uns köstlich und lachten aus vollem Hals in Erinnerung an die »guten alten Zeiten«. Kurt arbeitete jetzt als professioneller Autor und war vor kurzem erst von Washington, D.C., wo er viele Jahre lang eine Stellung im Capitol innehatte, nach New York City umgezogen.

Eines Abends rief Kurt mich nun an, um mir zu verkünden, daß er sein Haus in Washington ausräumen und dabei die Gelegenheit ergreifen würde, in dem leeren Haus ein Treffen unserer Schülervereinigung abzuhalten. Außerdem mußten ungefähr neunhundert Bücher verpackt und das Haus so gründlich gereinigt werden, daß man für später den Maler bestellen konnte. Ob ich wohl kommen und ihm helfen könnte?

Typisch Kurt! Trotzdem fühlte ich mich sehr geehrt von der Einladung und zögerte auch nicht lange, sie anzunehmen. Ich wußte, daß mir die Reise guttun würde. Und ich wollte Kurt wiedersehen. Ausgestattet mit einer umfassenden Intelligenz, einem unglaublichen Witz und großem Schalk, war Kurt immer schon mein Held gewesen. Ich war felsenfest davon überzeugt gewesen, daß Kurt zweifellos eines Tages Präsident sein würde. Das hatte mir zwar viel Spott und Hohn von seiten meiner übrigen Mitschüler eingetragen, aber ich war bei meiner Meinung geblieben. Jetzt wollte ich sehen, ob ich vor Kurts Augen noch bestehen konnte. Ich wollte sehen, ob ich den intelligenzmäßigen Anforderungen unserer Clique noch entsprechen konnte, deren Gründungsmitglied ich schließlich einst gewesen war. Ich mußte einfach wissen, ob ich den Test noch bestehen würde.

Ich buchte einen Nonstopflug ohne Umsteigen, damit ich gar nicht erst ein Risiko eingehen konnte, und Kurt hatte sich angeboten, mich vom Flugplatz abzuholen. Er wollte mir in der Nähe seines Hauses ein Hotelzimmer besorgen.

Meine Tage in Washington wären damit angefüllt, mich mit alten Freunden zu treffen, Bücher und andere Gegenstände einzupacken und Staub zu wischen. Kurt hatte seit seiner Scheidung vor zwölf Jahren kein Großreinemachen mehr veranstaltet. Ich packte deshalb auf Kurts Anweisung hin bequeme Freizeitkleidung und Putzutensilien ein und flog nach Washington, D.C., um meinen Musketier in Not zu treffen.

Mein Flugzeug war wegen des schlechten Wetters vier Stunden zu spät dran. Doch Kurt hielt Wort und stand am Flugsteig, als ich landete. Ich war tief gerührt, als er mir mit den Worten: »Diana, die sind für dich!«, ungelenk wie ein kleiner Junge, einen Strauß Rosen entgegenstreckte. Dann packte er mich am Arm und wollte mich gleich zur Gepäckausgabe schieben. Aber ich protestierte lautstark und gab ihm zu verstehen, daß er doch einen Moment warten solle, weil ich ihn mir erst einmal in aller Ruhe ansehen wollte. Schließlich waren Jahrzehnte vergangen, seit wir uns das letzte Mal gesehen hatten.

Ich hätte ihn überall wiedererkannt. Das Alter hatte zwar auch bei ihm Spuren hinterlassen, aber er hatte sich sehr gut gehalten. Und wie es sich bald herausstellte, waren Kurts Geist und Intellekt sogar noch beeindruckender als in seiner Jugend. Er hatte immer noch seinen ausgeprägten Sinn für Humor und amüsierte sich gern, machte aber jetzt einen so überdrehten Eindruck auf mich, als ob er kurz vor einem Herzinfarkt stünde. Er erinnerte mich an die Figur des Mad Hatter aus Alice im Wunderland. Es überraschte mich, als ich feststellte, daß ich für Kurt immer noch dieselbe Hochachtung empfand wie Jahrzehnte zuvor.

Doch es gab auch einen neuen Aspekt seiner Persönlichkeit. Da war eine abweisende, dunkle Seite, eine abgeschirmte Zone, durch die kein Weg zu Kurts Innenleben führte. Aber haben wir nicht alle so eine Seite in uns? Denn obwohl wir in den nächsten Tagen viele persönliche Erinnerungen austauschten und private Hoffnungen ansprachen, ließ auch ich Kurt nicht hinter meine abgeschirmte Zone blicken und machte keinerlei Andeutungen über meinen Gesundheitszustand.

Ich war immer noch sehr aufgeregt, ob es mir wohl gelingen würde, in einer fremden Umgebung zu bestehen, in der Gesellschaft von Menschen, die nichts von meinem »Zustand« wußten. Nachts allein im Hotel verlief ich mich oft in dem vielstöckigen Labyrinth aus Korridoren, wo alle Türen gleich aussahen. Oft mußte ich dann jemanden um Hilfe bitten, um wieder in mein Zimmer zurückzufinden. Und nachts ließ ich immer ein Licht brennen.

Einmal passierte es, daß ich vor Kurts Haus am Capitol Hill stand, in der Absicht, einen kurzen Spaziergang zu machen und einen Blick auf die Vorderseite seines Hauses zu werfen. Ich ging nur einmal um den Block, doch als ich wieder in der Straße stand, kamen mir alle Fassaden fremd vor. Welches war nun Kurts Haus? Als mir gerade die ersten Tränen der Frustration in die Augen stiegen und ich schon ganz steif vor Angst war, entdeckte ich Kurt. Er hatte mich im Haus vermißt und sich auf die Suche nach mir gemacht. Nie hatte ich mich so gefreut, einen bestimmten Menschen zu sehen. Wie freundlich und galant von ihm, seinen verlorengegangenen Gast zu suchen!

Ich gestand Kurt, daß ich mich bei meinem kleinen Spaziergang verlaufen hätte, aber er runzelte nur kurz die Stirn und meinte ironisch, daß er mir wohl eine Leine anlegen müsse, wenn ich weiter solche Faxen machte.

»Das wird dann wohl als nächstes kommen«, dachte ich im stillen, während ich mich laut bei Kurt entschuldigte, ihm Unannehmlichkeiten bereitet zu haben; es war recht gedankenlos von mir gewesen, das Gebäude einfach so zu verlassen, ohne irgend jemandem Bescheid gegeben zu haben. Für die restliche Dauer meines Aufenthalts bin ich auch nie mehr ohne Kurt aus dem Haus gegangen.

Alles in allem war es ein sehr erfreulicher Besuch, und ich war meinem Gastgeber von Herzen dankbar für seine Güte und Freundlichkeit. Ich hatte mich nie so sicher und aufgehoben gefühlt wie in Kurts Gegenwart. Wahrscheinlich sah ich in ihm immer noch den tapferen Musketier, so wie damals, als wir beide noch jung gewesen waren.

Nur einmal kam es zu einer kleinen Verstimmung zwischen uns beiden, während einer Unterhaltung über verschiedene Maler und Schriftsteller. Kurt präsentierte mir stolz ein Ölgemälde aus seiner Sammlung, das von der Frau von William Faulkner stammte. Als ich nicht wußte, daß Faulkners Frau Malerin gewesen war, fing Kurt an, mir zu erklären, wer William Faulkner sei. Als Reaktion auf sein herablassendes Benehmen fuhr ich ihn an, daß ich durchaus wisse, wer der »olle Bill« sei, nur nicht, daß dessen Frau Malerin gewesen war. Ich sah es Kurt überraschter Miene an, daß er mit meiner übertrieben aufbrausenden Reaktion nur wenig anfangen konnte.

Ich war zerknirscht. Wahrscheinlich hielt er mich nun für eine dumme Gans. Ein Mitglied unserer elitären Schülervereinigung, das nicht mehr alle Tassen im Schrank hatte.

Eines Nachts, als wir schon ganz philosophisch gestimmt waren, gab ich zu verstehen, daß sie mir wirklich fehlen würde, »die alte Diana Friel«, und als ich gefragt wurde, wo sie denn meiner Meinung nach sei, »die alte Diana Friel«, erwiderte ich nur: »Sie ist tot.« Kurt begriff nicht, und ich ging auch nicht weiter darauf ein. Statt dessen beschwor ich ihn, daß er sich niemals ändern dürfte, worauf er ziemlich scharf erwiderte, daß sich die Menschen niemals änderten;

niemand, den er kannte, hätte sich jemals geändert. Eine Welle aus Verstimmung, Groll, Angst und aufgestauter Frustration überschwemmte mich, und ich konnte nichts mehr sagen; statt dessen nahm ich Kurt zärtlich in den Arm. Ich wußte, daß er nichts verstand, aber das war nicht wichtig. Ich verstand.

Am letzten Tag meines Besuchs war Kurt mit Packen beschäftigt, während ich meine Vorbereitungen zum Abflug traf. Ich zog meine hochhackigen Schuhe aus und half, noch weitere Kartons in den Wagen zu laden, ehe ich meine Koffer und mich selbst dazuquetschte. Kurt ließ mich ganz überraschend bereits am Parkplatz des Flughafens heraus. Ich geriet in Panik, da ich keine Ahnung hatte, welchen Eingang ich benützen sollte. Ich tat mein Bestes, mein Gepäck aufzugeben und mir den Weg zu meinem Flugzeug zu suchen. Zweimal fragte ich nach der Richtung, und schließlich schwante einem uniformierten Wachbeamten wohl, daß mit mir irgend etwas nicht stimmte, denn er begleitete mich zum Flugsteig. Dort merkte ich, daß ich der letzte Passagier war, der an Bord ging.

Sobald ich in der Luft war, fing ich an, ein Resümee meines Besuches zu ziehen. Alles in allem hatte ich das Gefühl, die Prüfung »bestanden« zu haben. Es hatte zwar mehrere »brenzlige« Situationen gegeben, die mich sehr erschreckt hatten, aber außer mir waren meine Ängste keinem aufgefallen, und größere Mißgeschicke waren mir auch nicht passiert. Ich stufte meinen Besuch als Erfolg ein. Allmählich lernte ich es, Freude auch aus kleineren Siegen zu ziehen, das heißt, erfolgreich simple Funktionen zu vollführen, die von den meisten Menschen eher beiläufig erledigt werden.

Das Leben hätte schlimmer sein können. Es lief immer noch eine Menge nach meinen Vorstellungen. Und dann gab es immer noch die Möglichkeit, daß sich mein neurologischer

Verfall entweder verlangsamen oder ganz zum Stillstand kommen konnte. Und wenn nicht, dann würde ich eben lernen müssen, die Freundschaften und Lieben, die ich hatte erleben dürfen, in der Rückschau zu genießen.

In Gedanken dieser Art versunken, schaute ich aus dem Fenster hinaus auf die Großstadt, die unter uns lag. Dabei verkündete der Pilot über Lautsprecher, daß wir eben Houston in Texas überflogen. Mir wurde plötzlich ganz heiß, und meine Kehle war vor Angst wie zugeschnürt. Ich hatte das falsche Flugzeug bestiegen!

Doch dann entschuldigte sich der Pilot Gott sei Dank für seinen Irrtum und korrigierte sich, daß wir uns über Orlando in Florida befänden. Ich war wieder einmal davongekommen.

Kapitel 7

Vorzeitiger
Ruhestand

Der nächste Monat gestaltete sich unvorstellbar schwierig für mich, was meine Arbeit betraf. Mehrmals war ich so verwirrt und desorientiert, daß ich das Büro früher verlassen mußte. Das Leben war zu einem Stegreifstück geworden, und mir blieb gar nichts anderes übrig, als mich mehr schlecht als recht hindurchzulavieren und zu improvisieren. Mein Arzt ermahnte mich immer noch, nicht mehr zur Arbeit zu gehen. Ich blieb weiter hartnäckig. Doch es wurde immer schwerer für mich, wie verlangt zu funktionieren oder gar meinen Weg zur Arbeit und wieder zurück zu finden.

Zu Hause verbrannte ich mit schöner Regelmäßigkeit die Mahlzeiten, Topflappen, Tischdecken und meine Arme. Bei dem Versuch, ein simples Rezept nachzukochen, hatte ich manchmal Glück, meistens jedoch nicht. Ich hatte stark abgenommen, was ich mir bei meiner Figur eigentlich nicht leisten konnte, und fing an, unter Schlaflosigkeit zu leiden. Manchmal verlor ich mitten im Satz den roten Faden. Erinnerungen an meine Kindheit und an lange zurückliegende Ereignisse waren präsent, dagegen wußte ich nicht mehr, ob ich an dem betreffenden Tag schon etwas gegessen hatte oder nicht. Wenn meine Enkelkinder zu Besuch waren, vergaß ich mehr als einmal, daß sie überhaupt da waren und überließ sie völlig sich selbst. Außerdem kam es gelegentlich vor, daß die Kleinen mir sagen mußten, wie ich wieder nach Hause kam, nachdem ich sie heimgebracht hatte. Und am schlimmsten von allem war, daß ich überhaupt keine Geduld mehr hatte. So sehr ich die Kinder auch liebte – selbst nach einem kurzen Besuch strengten sie mich schon an und machten mich nervös.

In der Zeit setzte ich mich mit der Gesellschaft für ein Recht auf den eigenen Tod in Verbindung und bekam einen sogenannten Living-will zugesandt, eine schriftliche Erklärung, die besagte, daß mein Leben nicht künstlich verlängert werden sollte, falls keine Aussicht auf Heilung mehr bestünde. Dieses Formular würde mir ermöglichen, mich im Falle eines unabwendbaren Todes gegen lebensverlängernde Maßnahmen oder andere »heroische« Eingriffe von seiten der Medizin zu wehren. Ich mußte die Möglichkeit in Betracht ziehen, daß meine Familie eines Tages – irgendwann einmal in absehbarer Zukunft – diese Absichtserklärung mit meiner Unterschrift brauchen könnte. Trotzdem zögerte ich noch, das Formular sofort auszufüllen. Damit gestand ich mir nämlich ein, daß ich zu irgendeinem Zeitpunkt meiner Familie einmal zur Last fallen könnte. Also verschob ich die Sache auf später. In der Zwischenzeit würde ich die Erklärung gut verstecken, zusammen mit dem Brief von Dr. T., in dem er mich über die Tatsache informierte, daß ich wahrscheinlich an der Alzheimer-Krankheit und an einer Multiinfarkt-Demenz litt.

Um meine Laune zu bessern und meine Selbstachtung zu heben, ließ ich mir von einem plastischen Chirurgen die Augenlider liften. Ich klammerte mich mittlerweile verzweifelt an den Glauben, daß ich mit einer jünger aussehenden Fassade mein eigenes Inneres täuschen könnte. Nach dem plastischen Eingriff mußte ich im Bett bleiben und war pflegebedürftig, da ich nichts sehen konnte und Schmerzen hatte. Ich war sehr dankbar, daß Jack – der in den Jahren zuvor nie große Besorgnis oder irgendwelches Zartgefühl demonstriert hatte, wenn ich operiert wurde oder krank war – dieses Verhalten nun mehr als wieder wettmachte und sich rührend um mich kümmerte. Freundlich und liebevoll ging er auf alle meine Bedürfnisse ein. Ich war für jeden noch so kleinen Liebesdienst so dankbar, daß ich ihn überschwenglich lobte.

Vielleicht würde er in den kommenden Jahren ja doch für mich da sein, falls sich mein Zustand weiter verschlimmerte. Für mich war das der erste Beweis, daß man sich doch mit Liebe meiner annehmen würde, sollte es weiter mit mir bergab gehen. Ich hatte diese Versicherung ganz verzweifelt nötig.

Bis jetzt war ich Dr. T.s Anweisung, eine Familienkonferenz abzuhalten und meine nächsten Verwandten über meine Lage aufzuklären, noch nicht gefolgt. Ich fürchtete mich immer noch vor ihren Reaktionen, auch wenn ich mir wünschte, ich könnte meine Last mit jemandem teilen.

Auf Dr. T.s Drängen hin versammelte ich schließlich doch meine Familie um mich, um ihr von meiner Krankheit zu berichten. Alle waren da, bis auf meinen Vater, der etwas kränkelte, und meine Tochter Lynn, die in Tennessee lebte.

Am schwersten fiel mir, es meinen Kindern zu sagen. Die beiden ältesten – Bill, vierunddreißig, und Lynn, neunundzwanzig – hatten ihre Gefühle immer sehr vor der Außenwelt versteckt. Ich hatte mich sogar oft gefragt, ob mein Erstgeborener überhaupt tiefere Emotionen für alles, was nicht technisch war, empfinden konnte.

Dann fiel mir aber wieder ein, wie Bill als Kind gewesen war: sanft, loyal und immer hilfsbereit. Ja, dachte ich, die Gefühle sind schon da. Irgendwann einmal im Laufe seines Lebens hat er es aber vorgezogen, eine Maske aufzusetzen, was vielleicht auch daran lag, daß in unserer Familie ohnehin genug Emotionalität herrschte und er von lauter Hektikern umgeben war.

Die Reaktionen meiner Familienangehörigen waren, wie vorhersehbar, überwiegend ruhig. Und doch war ich überrascht von ihrer stoischen Gelassenheit, mit der sie meine Neuigkeit aufnahmen; sie reagierten so ruhig und gelassen, daß ich mich fragte, ob sie damit nicht das glatte Gegenteil ausdrücken wollten, das heißt, sich weigerten, meine Krankheit überhaupt zu akzeptieren. Shaun, mein Jüngster, zweifelte vehement die Richtigkeit des medizinischen Gutachtens an und erklärte kategorisch: »Mach dir deswegen bloß keine Sorgen, Mom. Denk einfach nicht daran.« Bill sagte gar nichts. Meine Schwiegertochter meinte nur, daß es wahrscheinlich noch lange dauern würde, ehe ich mir wirklich Sorgen zu machen bräuchte.

Mein Bruder Charles verlieh gehorsam seiner Betroffenheit Ausdruck, während seine Frau sich in dem Zusammenhang doch eher um ihren Mann sorgte, da dieser gerade in der letzten Zeit »beträchtliche Probleme mit seinem Gedächtnis« hätte. Ich riet ihm, sich mal mit meinem Neurologen in Verbindung zu setzen und sich von ihm untersuchen zu lassen. Er wollte es jedoch nicht mit der Begründung, daß er sich mit der Möglichkeit immer noch auseinandersetzen könne, »wenn es mir genauso schlecht geht wie dir«.

Mein Mann meinte, ich solle mich »zusammenreißen und über der Sache stehen«.

Als ich in Tennessee eintraf, um Lynn zu informieren, erwartete ich mir eigentlich mehr Reaktion. Statt dessen nahm sie meine Neuigkeit mit großer Ruhe auf. Ich wurde mißtrauisch und fragte sie, ob sie vielleicht schon etwas vermutet hätte. Lynn lächelte verlegen und erwiderte, nein, aber sie hätte mit Shaun gesprochen.

»Am Telefon. Ich habe ihn nur gefragt: ›Shaun, wie geht es Mom in der letzten Zeit‹, und er antwortete: ›Sie ist noch genauso verrückt wie eh und je, und du weißt ja, wie schlimm das ist.‹« Lynns Gesicht verzog sich daraufhin zu einem augenzwinkernden Grinsen.

Inzwischen war ich bereits daran gewöhnt, daß meine Kinder jede Gelegenheit weidlich ausnützten, sich über mich und meine »kleinen Schulfreunde« lustig zu machen; dabei spielten sich meine Sprößlinge die Scherze wie Bälle nur so zu. Doch soweit ich wußte, war dies das erste Mal, daß sie Lynn über meinen Gesundheitszustand auf dem laufenden gehalten hatten. Sie wußten also alle, daß es bergab mit mir ging. Nachdem ich früher immer der extrovertierte Dreh- und Angelpunkt sowohl meiner Familie als auch meines Freundeskreises gewesen war, der nie mit seiner Meinung hinter dem Berg gehalten hatte, war ich nun unfreiwillig in die Vorhölle abgeschoben worden. So kam ich mir als Frühdiagnostizierte vor. Die stoischen Reaktionen meiner Familienangehörigen hatten mich verunsichert. Vielleicht war ich ja doch nicht der unentbehrliche Mittelpunkt gewesen, für den ich mich egoistischerweise immer gehalten hatte!

Schließlich kam der Tag, an dem ich meiner Arbeit nicht mehr gewachsen war. Meine Welt löste sich in ihre Bestandteile auf, und ich bekam keinen festen Fuß mehr auf den Boden. Als Jack an dem Tag nach Hause kam, fand er mich in dem abgedunkelten Haus vor, zusammengerollt auf dem Bett liegend, in Straßenkleidung. Ich weigerte mich beharrlich, ihm den Grund für mein merkwürdiges Verhalten zu nennen und ihm zu sagen, daß ich nun endgültig an meine Grenzen gestoßen war und mich nicht mehr weiter strecken konnte.

Aber er ließ nicht locker und verlangte eine Erklärung für meinen stummen Rückzug. Ich hatte Angst vor seiner Reaktion. Ich fühlte mich so schon wertlos genug. Eine einzige entsprechende Bemerkung aus Jacks Mund, der ohnehin einen Hang zu kalten, verletzenden Kommentaren hatte, und ich würde zusammenklappen. Ich konnte es ihm einfach nicht sagen.

Bei meiner nächsten Routineuntersuchung bestätigte mir mein Neurologe, daß mein Arbeitsleben nun endgültig vorüber war. Es war an der Zeit für einen »vorzeitigen Ruhestand«. An diesem Abend brachte ich endlich den Mut auf, auch Jack darüber zu informieren, daß ich nicht mehr arbeiten konnte.

»Was sagt der Arzt? Daß du dich in ein brabbelndes Baby zurückverwandeln wirst?«

Seine Worte schnitten mir ins Herz und in meine Seele wie ein Messer. Er hatte meine schlimmsten Befürchtungen in Worte gefaßt.

Jack entschuldigte sich später für seine Bemerkung, und ich nahm seine Entschuldigung an. Aber die Narbe blieb.

Ich erzählte sonst keinem Menschen, daß ich zu arbeiten aufgehört hatte. Ich fühlte mich schuldig, daß ich nicht mehr funktionierte, und schämte mich des Verlustes all meiner geistigen Fähigkeiten. Mein schlechtes Gewissen nahm noch zu, als mein Vater immer wieder anrief und sich nach meinem Job erkundigte, ob es mir noch gefiele, an welchen Tagen ich frei hätte und andere Suggestivfragen. Ich war noch nie ein unehrlicher Mensch gewesen. Jetzt war ich es meinem Vater gegenüber.

Dann fing es an, daß meine Schwiegertochter plötzlich in der Tür stand, weil sie meinen Wagen in der Auffahrt sah. Worauf ich mir natürlich Sorgen machte, daß mein verheirateter Sohn und meine Tochter vermuten könnten, ich würde nicht mehr arbeiten. Jack bestätigte mich noch in meinen Ängsten.

»Sie warten doch nur darauf, daß du es ihnen sagst«, riet er mir.

Lynn rief gelegentlich an und sprach mich dabei auch auf meinen Beruf an. Sie hatte Jurakurse am College belegt und fragte mich oft nach meiner Meinung hinsichtlich bestimmter Detailprobleme oder erfreute mich mit amüsanten Geschichten. Ich konnte ihr doch unmöglich sagen, daß ich meine Arbeit aufgegeben hatte. Mein Sohn Shaun zog von zu Hause aus und hatte alle Hände voll damit zu tun, ein preiswertes, aber trotzdem phantastisches Apartment zu finden. Er schien überhaupt nicht mitzubekommen, daß ich nicht arbeitete. Sein Terminkalender ließ nicht viel Zeit für Besuche bei seinen Eltern, und ihm war wahrscheinlich gar nicht klar, daß ich überhaupt nicht mehr aus dem Haus ging.

Jetzt hatte ich das Gefühl, auch noch alle meine Kinder zu hintergehen.

Merkwürdigerweise waren ausgerechnet Kurt Fuller und Marie Thomerson die ersten, denen ich erzählte, daß ich nicht mehr arbeitete. Ich teilte ihnen die Neuigkeit in einem Brief mit, ohne ihnen jedoch den wahren Grund zu nennen; ich schrieb ihnen nur etwas von einem vorzeitigen Ruhestand. Schließlich war das der Begriff, den mein Neurologe voll psychologischer Hintergedanken immer benutzte. Ich spürte, daß ich zwei enge Freunde in Marie und Kurt hatte. Die Tatsache, daß sie weit entfernt von mir lebten, hatte Vor- und Nachteile; einerseits war ich tief enttäuscht, wenn ihre Briefe mal lange auf sich warten ließen, aber andererseits bewahrte mich die räumliche Entfernung zwischen uns davor, daß ihnen meine Probleme klar wurden.

Ich schätzte Marie und Kurt wirklich sehr. Meine Kindheitsfreunde waren meine Verbindung zu all dem, was ich immer gewesen war oder mir zu sein gewünscht hatte. Sie erinnerten mich an mein Leben zu einer Zeit, als dieses Leben noch einfacher war, vor meinem Verlust jeglichen Wissens. Die beiden waren mir besonders wichtig und nahe. Sie wußten, wer Diana Friel wirklich war. Sie sahen mich (jedenfalls hoffte ich das von ganzem Herzen) noch so, wie ich einmal war.

Einige Monate nach meinem Besuch in Washington, D.C., kam Kurt nach Florida, um seinen Bruder und einen Freund zu besuchen, und verbrachte dabei auch ein paar Tage mit meiner Familie. Ich war ganz aus dem Häuschen vor Freude. Ich zeigte ihm sowohl das alte als auch das neue Florida, und selbstverständlich fuhren wir auch hinaus zu meinem geliebten Strand bei Ponce Inlet.

Am letzten Tag von Kurts Besuch trafen wir uns mit einem weiteren früheren Mitschüler, mit Roy, der jetzt im Norden Floridas lebte. Wir aßen in einem bekannten griechischen Restaurant zu Abend, in dem es auch Bauchtanz gab. Es war dasselbe Restaurant, in dem ich Jahre zuvor aufgetreten war. Wie es dabei Sitte ist, bat die Tänzerin Leute aus dem Publikum zu sich auf die Bühne. Jeder aus unserer Runde folgte ihrer Aufforderung. Ich wollte mich erst nicht neben die junge Tänzerin auf die Bühne stellen, aber schließlich gab ich dem Drängen nach. Ich hatte mir aber leider keine Gedanken darüber gemacht, ob in meinem hautengen schwarzen Etuikleid die erforderlichen Beinstellungen beim Bauchtanz auch möglich waren.

Die Videoaufnahmen, die an dem Abend von mir gemacht wurden, zeigten mich in den schauerlichsten Verrenkungen, die ich jemals gesehen hatte, ähnlich dem lasziven Hüftwackeln einer Stripteasetänzerin. Ich war entsetzt, schämte mich in Grund und Boden und löschte sofort meinen Auftritt vom Band. Hätten meine ehemaligen Klassenkameraden doch nur unter denselben Erinnerungsproblemen wie ich gelitten, wäre der Vorfall schnell vergessen gewesen. Doch wahrscheinlich werden sie sich bis an ihr Lebensende an meinen schrecklichen Auftritt erinnern. Das Leben ist manchmal sehr ungerecht.

Mein Neurologe füllte mittlerweile die Anträge für die Bewilligung meiner privaten Erwerbsunfähigkeitsversicherung und der mir zustehenden Zuschüsse von der Sozialversicherung aus. Angesichts der Endgültigkeit dieses Schritts wurde ich von Panik ergriffen, und ich erklärte meinem Mann, daß ich mir unbedingt wieder eine Stelle suchen müßte.

»Was zum Beispiel?«

»Ich kann einfach nicht glauben, daß ich tatsächlich schon zum alten Eisen gehöre«, stammelte ich. Die sprachliche Ausdrucksfähigkeit geht zwar oft als letzte verloren, aber ich mußte leider feststellen, daß ich bei den seltenen Diskussionen mit Jack nie schnell genug reden konnte, um mit ihm mitzuhalten.

»Diana, hör auf, dich selbst so niederzumachen. Es ist an der Zeit. Du kannst nicht mehr arbeiten. Ich bestehe darauf. Hör auf deinen Arzt.«

Die Stromrechnung war höher als gewöhnlich, da sich mein Wäschetrockner nicht automatisch abstellte. Ich vergaß inzwischen mit schöner Regelmäßigkeit, die Wäsche aus dem Trockner zu nehmen, und mehrmals in der Woche drehte sich die Ladung Wäsche den ganzen Tag. Jack war wütend und rechnete mir vor, wieviel Strom der Wäschetrockner verbrauchte. Ich müsse doch nur daran denken, die Wäsche herauszunehmen, sagte er. Doch zuerst muß ich daran denken, daß ich sie überhaupt hineingetan habe, dachte ich mir.

»Jack« fing ich mit leichtem Zögern an. »Heute, als ich beim Arzt war, bin ich jemandem begegnet, der mit einem Rollstuhl in ein Büro fuhr.«

»Und?«

»Er hat dort gearbeitet. In einem Rollstuhl.«

»Hör zu, Diana. Das war ein Querschnittgelähmter. Du kannst nicht mehr richtig denken. Das ist ein Unterschied.«

»Ich bin nicht verblödet! Sag so etwas nicht!« rief ich wütend. »Ich leide unter einer neurologisch bedingten Schwäche meines Gehirns, Jack!«

Er lächelte mich selbstgefällig an, und seine Stimme troff vor Sarkasmus.

»Diana, womit denkst du denn? Hmm? Wo sitzt dein Verstand?«

Es war mir schon klar, was er damit sagen wollte, aber ich fand keine Worte, um seiner verächtlichen Bemerkung etwas entgegenzusetzen.

Ich zog mich in mein Schlafzimmer zurück und blätterte nebenbei in Manuskripten, die ich einmal verfaßt hatte: Romane, wahre Begebenheiten, Lustiges, Kurzgeschichten, sogar Krimis. Ich hatte immer gerne geschrieben und hatte als Kind davon geträumt, eines Tages mal eine Schriftstellerin zu werden.

Meine beiden so weit entfernt lebenden »kleinen Schulfreunde« hatten mich vor kurzem erst ermutigt, es doch weiter zu versuchen. Ich nahm ein sauber gebundenes blaues Manuskript in die Hand: die Chronik meiner Kämpfe mit Schlaganfällen, Neurologen und einem im Laufe der Jahre immer weiter abbauenden Gefäßsystem. Während des Schreibens hatte ich mich intensiv mit der Materie auseinandergesetzt. Jetzt warf ich das Manuskript erst angewidert in den Papierkorb, nahm es aber gleich wieder in die Hand und riß jede Seite einzeln heraus.

Ich hatte meinem Neurologen erzählt, ich würde diese Chronik als Hilfe für zukünftige Patienten, vielleicht sogar für meine eigenen Nachkommen verfassen. Er ermutigte mich und fügte hinzu, daß er sie gerne lesen, seine Meinung dazu äußern würde. Er sagte, ich solle auf jeden Fall mit dem Schreiben weitermachen, ganz gleich, ob das Ergebnis nun gut, schlecht oder nichtssagend wäre. Es sei ein Ventil und ein Mittel, meine Gehirnzellen lebendig zu erhalten.

Vielleicht hatte er recht. Ich wartete ja förmlich auf den Tag, den Augenblick, an dem es passierte, daß ich nur noch ein gestammeltes »Da, da, da« von mir gab.

Als ich nun die auf dem Bett verstreuten Manuskripte und losen Blätter durchforstete, stieß ich zu meiner Überraschung auf eine zweite Kopie des Manuskripts, das ich eben zerrissen hatte. Ich konnte es offensichtlich nicht loswerden. Vielleicht konnte man doch noch etwas damit anfangen. Vielleicht wäre es eines Tages wirklich für andere von Nutzen.

Monate vergingen, und ich verbrachte viel Zeit allein in meinem abgedunkelten Haus. Nur die Briefe meiner weit entfernten Freunde durchbrachen meine Depression. Ich wurde zusehends paranoider und war übermäßig empfindlich in meinen Reaktionen. Da mein innerer Kompaß nun endgültig zerbrochen war, mußte Jack mich sogar zum Lebensmittelhändler begleiten. Tagsüber rief er öfter an, um mich an die Wäsche oder andere Haushaltspflichten zu erinnern. Die Zubereitung jeder Mahlzeit geriet zu einem neuen Abenteuer. Jack mußte mich oft regelrecht ausschimpfen, weil ich tagsüber mit schöner Regelmäßigkeit zu essen vergaß.

Mein Antrag auf Erwerbsunfähigkeitsrente wurde bewilligt. An dem Tag, an dem der positive Bescheid bei uns im Briefkasten steckte, zerbrach meine Welt in Trümmer. Den ganzen Nachmittag über verbrachte ich mit Weinen und Grübeln, was nun aus mir werden sollte. Als Jack heimkam, fand er mich in der Küche, wo ich verwirrt versuchte, irgend

etwas zusammenzurühren, das vage an ein Abendessen erinnerte. Außerdem wurde ich immer noch von schlimmen
Heulkrämpfen geschüttelt. Selbst Jacks Launenhaftigkeit
hatte mich lange Zeit nicht zum Weinen bringen können.
Jetzt sah er mit Erstaunen, wie die Tränen ungehemmt flos-
sen. Er klang ernsthaft besorgt, als er mich bat, ihm doch zu
erzählen, was passiert sei.

Stotternd erzählte ich ihm, daß man meinem Antrag auf
Erwerbsunfähigkeitsrente zugestimmt hatte. Er legte mir die
Hand auf die Schulter.

»Diana, das ist doch eine gute Nachricht«, sagte er leise.
»Wieso weinst du denn?«

»Weil ich dachte, die würden nein sagen! Verstehst du denn
nicht? Das heißt, daß es wirklich stimmt, alles! Ich will ein
neues Gutachten! Ich will selbst ... will selbst sehen ...«

Jack erwiderte, daß er mir ein aktualisiertes Gutachten besorgen würde. Wir benötigten es ohnehin für unsere Unterlagen. Mit der Zeit war Jack immer weniger launenhaft,
immer weniger streitsüchtig geworden. Er versicherte mir
immer wieder, daß er sich um mich kümmern würde, daß
ich mich auf ihn verlassen könne.

Als das sehnlichst erwartete Gutachten eintraf, konnte ich
angesichts der Laborwerte nur betroffen zusammenzucken.
Dumpf auf die Zahlen starrend, wurde mir klar, daß ich hier
den klinischen Beweis meiner Unfähigkeit vor Augen hatte.
Das war nicht etwas, das jemand nur so dahingesagt hatte.
Das waren die Ergebnisse meiner letzten Laboruntersuchun-
gen.

Schweigend legte ich das Gutachten zu meinen medizinischen Unterlagen und meiner immer noch unausgefüllten
Absichtserklärung, auf lebensverlängernde Maßnahmen verzichten zu wollen, und legte die Akte wieder in ihr Versteck
zurück.

Eines Tages stellte ich mich vor die großen, verspiegelten Schranktüren, die eine ganze Wand meines Schlafzimmers einnahmen. Kritisch betrachtete ich mein Spiegelbild. Ich sah makellos aus. Unberührt. Niemand konnte allein von meinem Aussehen darauf schließen, daß ich nicht mehr makellos war. Plötzlich durchlief mich ein Krampf. Ich schlug die Hände fest vor den Mund, um den Schrei zu ersticken, der aus meiner Kehle hochstieg und sich in den stillen Raum ergießen wollte.

Kapitel 8

Letztes
Klassentreffen

Ich war Marie sehr dankbar für ihre so persönlich gehaltenen Briefe. Sie halfen mir, nicht aufzugeben, wenn ich das Gefühl hatte, daß es sich eigentlich gar nicht mehr lohnte. Anfangs war Kurt ein ebenso großer Segen für meine moralische Verfassung gewesen. Er gab mir freundlich Rat und schickte mir seine besten Wünsche, doch nach und nach kamen seine Briefe immer seltener.

Eines Morgens erhielt ich einen überraschenden Brief von Roy, dem Klassenkameraden, mit dem wir zusammen in dem griechischen Restaurant gewesen waren, als Kurt uns besucht hatte. Roy organisierte ein Miniklassentreffen in seinem Strandhaus im Norden Floridas, und ich war dazu eingeladen. Ein Teil von mir freute sich unbändig darüber, da ich noch nie zu einem der großen Treffen meiner ehemaligen Mitschüler eingeladen worden war. Ein anderer Teil aber schreckte ängstlich zurück, da er sich fürchtete, man könnte dabei endgültig meine Unterlegenheit entdecken. Vielleicht verlief ich mich ja oder benahm mich schrecklich daneben? Was, wenn die anderen Teilnehmer mich gar nicht dabei haben wollten? Was, wenn sie sich nicht einmal an mich erinnerten?

Ich rief Marie in Ohio an. Sie war sich noch nicht sicher, ob sie teilnehmen konnte, bestand aber darauf, daß ich unbedingt hinfahren und mich amüsieren sollte. Ich wußte aber, daß ich das Treffen ohne moralischen Beistand nicht überstehen würde. Und davon brauchte ich jede Menge.

Als nächsten Kandidaten rief ich Kurt an, um zu erfahren, ob er wenigstens dabei wäre oder nicht. Als sich niemand meldete, rief ich Roy, den Gastgeber, an und fragte ihn, ob er von Kurt eine Zusage erhalten hätte. Roy informierte mich, daß Kurt nicht kommen könne.

Marie konnte schließlich doch kommen und informierte mich darüber, damit ich mich um Reservierungen im nächstgelegenen Motel kümmerte. Freudig machte ich mich daran, Pläne zu schmieden, was wir nach so vielen Jahren zusammen unternehmen könnten. Wir verabredeten, daß sie bis nach Orlando fliegen sollte, dann würden wir beide mit dem Wagen die Küste entlang zu unserem Treffen fahren.

Kurz vor Maries Ankunft klappte ich jedoch regelrecht zusammen und litt unter starken Gefühlen von Paranoia und Unsicherheit; ich war überzeugt, daß ich bei meinen ehemaligen Mitschülern weder willkommen sein noch von ihnen überhaupt wiedererkannt werden würde. Ich sagte unsere Hotelreservierungen ab, buchte statt dessen in der Nähe meines Lieblingsstrandes bei Ponce Inlet und bezahlte auch gleich im voraus.

Maries Reaktion überraschte mich etwas. Sie bestand nämlich mit Nachdruck darauf, daß ich an diesem Treffen teilnähme, und wenn sie mich persönlich den ganzen Weg den Highway hinaufschleifen müßte. Also buchte ich das bereits abgesagte Zimmer ein zweites Mal. Die Reservierung in Ponce Inlet ließ ich jedoch weiter bestehen. Obwohl ich es mir eigentlich nicht leisten konnte, zwei Hotelzimmer an zwei verschiedenen Orten von Floridas Küste zu reservieren, wollte ich mir mein Hintertürchen offenhalten. Sollte ich bei unserem Wiedersehen nicht vorbehaltlos und warmherzig aufgenommen werden oder ich mich sonst irgendwie unwohl dabei fühlen, wollte ich unbedingt eine Rückzugsmöglichkeit haben.

Marie war besorgt wegen meiner Paranoia und meiner Beklommenheit. Sosehr sie sich auch bemühte, mir meine Unsicherheit zu nehmen, es gelang ihr einfach nicht.

In dieser Zeit war es nicht ungewöhnlich für mich, daß meine Gefühle sehr ambivalent waren. Ein Teil von mir freute sich sehr darauf, so viele meiner früheren Mitschüler wiederzusehen. Das nächste größere Klassentreffen sollte erst wieder in vier Jahren stattfinden, und der Geschwindigkeit nach zu schließen, mit der sich mein Zustand verschlechterte, würde ich daran nicht mehr teilnehmen können. Doch sosehr ich mir auch dieses Wiedersehen wünschte, so große Angst hatte ich davor, daß die anderen mich nicht mehr akzeptieren könnten.

Ich schrieb deshalb an zwei frühere Mitschüler, mit denen ich mich als Kind recht gut verstanden hatte, um herauszufinden, ob sie ebenfalls kämen. Und ich schrieb auch an Kurt und bat ihn, mich doch gleich zu benachrichtigen, wenn er wirklich nicht kommen könne, denn dann würde ich auch nicht hinfahren; da konnte Marie so viele Einwände vorbringen, wie sie wollte. Doch knapp vor dem verabredeten Tag des Treffens erhielt ich Nachricht von Kurt. Er würde kommen. Ich fühlte, wie eine Welle der Erleichterung durch mich hindurchlief, denn nun würde ich wenigstens zwei Freunde um mich haben. An dem Tag kaufte ich als Ausgleich für die vielen Liebesdienste, die Kurt mir in der Vergangenheit erwiesen hatte, ein Geschenk für ihn und ließ darin eine Widmung eingravieren.

Marie traf wie verabredet ein, und wir fuhren die Küste hoch zu unserem Klassentreffen. Bei der Ankunft wurde ich liebevoll von Jim und Nancy Morrow, zwei Ehemaligen aus unserer Klasse, begrüßt. Die beiden waren angenehme und gewandte Unterhalter. Jim war ein paar Jahre zuvor an Gehirnhautentzündung erkrankt und hatte dabei kleinere, aber dauerhafte Gedächtnisverluste davongetragen. Trotzdem besaß er immer noch einen ausgeprägten Sinn für Humor und brachte mich mit seinen witzigen Bemerkungen zum Lachen. Vielleicht lag es ja an dem alten Sprichwort »Gleich und gleich gesellt sich gern«, beziehungsweise »Ein Unglück zieht das andere an« – aber Jim begrüßte mich von vornherein sehr überschwenglich und unterhielt sich auch später mehr mit mir als mit allen anderen.

Seine Frau Nancy gesellte sich ebenfalls zu uns, und wir verplauderten gerade den Nachmittag, als das Gespräch auf den Verlust des Kurzzeitgedächtnisses kam. Nancy erzählte, daß ihr Mann seit seiner Krankheit nur geringfügige Probleme damit hatte. Ich meinte unbekümmert, daß ich mir zwar auch einiges nicht mehr merken könne, aber eine Technik entwickelt hätte, so daß man es mir nicht anmerkte. Nancys Blick ließ meine Knie weich werden, als sie mir fest in die Augen sah und mich ruhig eines Besseren belehrte.

»Sie durchschauen dich, Diana«, murmelte sie. »Sie merken es. Glaube mir. Sie durchschauen dich.«

Ich versuchte ein Gespräch mit Kurt anzuknüpfen, da ich seinen weisen Rat brauchte. Aber er benahm sich äußerst merkwürdig, so, als ob ich Lepra hätte. Die anderen, einschließlich unser Gastgeber Roy und seine Frau, die bei der Dinnerparty mit Kurt meine Gäste gewesen waren, taten auch so, als sei ich Luft. Entweder es stimmte wirklich etwas nicht, oder meine Paranoia war außer Kontrolle geraten.

Ein anderer Gast, ein Don Juan und Frauenheld, nützte meine Anwesenheit aus, mich mit seinem endlosen Geschwätz zu überschütten. Er war eine solche Quasselstrippe, daß alle anderen vor ihm Reißaus nahmen, aber ich war trotzdem dankbar, daß er sich mit mir unterhielt – auch wenn es zwar ein seichtes, aber kultiviertes Geplauder war.

Nach dem ersten Tag des Klassentreffens fiel Marie auf, daß ich immer schweigsamer wurde, und sie erklärte mir, daß sie jederzeit bereit sei, mit mir die Küste hinunter nach New Smyrna und Ponce Inlet zu fahren. Wir verabschiedeten uns von der Gruppe, und ich ergriff die Initiative und umarmte Kurt, bevor ich ging. Tränen des Bedauerns traten mir in die Augen, als ich einen letzten, wehmütigen Blick auf meine ehemaligen Mitschüler warf. Wir kannten uns seit der ersten Klasse, und wahrscheinlich sah ich sie alle zum letzten Mal. Als ich die Holzstufen hinunterstieg, die zu meinem geparkten Wagen führten, fragte mich Jim Morrow, ob ich in vier Jahren bei dem großen Treffen wieder dabei sei. Ich drehte mich um und schaute ihn wortlos an; er wiederholte seine Frage, da er dachte, ich hätte ihn nicht gehört.

Den Kloß in meinem Hals hinunterschluckend, flüsterte ich: »Wir werden ja sehen, ob ich kommen kann.« Dann lief ich rasch die restlichen Stufen hinunter und stieg in meinen Wagen, bevor ich noch in aller Öffentlichkeit zu weinen anfing und damit alle in Verlegenheit brachte.

Marie wunderte sich sehr, wie überzeugt ich davon war, daß ich diese Menschen, die ich bereits kannte, als wir alle noch unsere Milchzähne hatten, niemals mehr wiedersehen würde. Ich war emotional so aufgewühlt, daß ich Marie endlich, wenn auch zögernd, die Gründe dafür nannte, einschließlich meines Anfalls von Paranoia. Ich breitete meine gesamten Zukunftsängste vor ihr aus. Sie hörte sich das alles mit wirklichem Interesse, tiefer Anteilnahme und Verständnis an.

Marie und ich verbrachten anschließend ein paar sehr entspannende Tage an dem Lidostrand und führten uns dabei wie zwei Schulmädchen auf. Ich lachte so viel, daß ich am zweiten Tag keine Stimme mehr hatte. Ich war wieder die alte Diana Friel, wenigstens für kurze Zeit.

Kurz nach unserem Klassentreffen schickte ich Roys Frau als Gastgeschenk eine Flasche mit französischem Parfüm und jedem anderen Teilnehmer eine Postkarte, auf der ich ihnen schrieb, wie sehr es mir gefallen hatte, sie nach so vielen Jahren wiederzusehen. Jim Morrow schickte ich zusätzlich noch etwas Geld mit der Bitte, mir doch Abzüge von seinen Fotos zu schicken, die er während des Treffens geschossen hatte, da meine eigenen sehr zu wünschen übrig ließen.

Der liebe Jim erfüllte meinen Wunsch und belieferte mich mit exzellenten Aufnahmen. Was mein Gastgeschenk anbelangte, ließ unsere Gastgeberin jedoch nichts von sich hören, ebensowenig wie Kurt Fuller, der sich ebenfalls nicht mehr rührte und sich auch nicht für sein Geschenk bedankte. Ich war jetzt restlos davon überzeugt, daß entweder mein Benehmen oder meine Konversation allen verraten hatte, wie schlecht es um meinen Geisteszustand stand. Ich war mir ganz sicher, daß ich nicht mehr gut angekommen war. Mir tat das Herz weh. Es nützte auch nichts, wenn ich mir sagte, daß ich mich von nun an an intellektuellen Snobismus dieser Art gewöhnen müsse. Ich kannte doch meine Pappenheimer. Und ich kannte Kurt Fuller nur zu gut.

Also kaufte ich mir ein besonders schönes Fotoalbum und klebte meine Erinnerungsfotos an meine Reise nach Washington, D.C., Kurts Besuch bei uns und unser Miniklassentreffen fein säuberlich ein. Ein Zitat aus dem Stück »Inherit the Wind« kam mir in den Sinn (etwas, das zu der Zeit schon nicht mehr sehr oft passierte):

»Es gibt keine größere Einsamkeit auf der Welt, als zu stehen, wenn alle um dich herum sitzen … und sie dich alle anschauen und sich fragen: ›Was stimmt nicht mit ihr?‹«

Kapitel 9

Kampf um
Unabhängigkeit

Ich hatte bis jetzt immer noch nicht die Absichtserklärung im Falle meines bevorstehenden Todes ausgefüllt, die in meinem Schlafzimmer versteckt war. Aber ich setzte eine Vollmacht auf, die meinem Mann die rechtliche Möglichkeit gab, an meiner Stelle über die kleine persönliche Investition zu verfügen, die ich ein paar Jahre zuvor getätigt hatte. Ich füllte das Dokument aus, ließ meine Unterschrift von unserer Bank beglaubigen und verstaute die Vollmacht anschließend sorgfältig bei meinen Bankunterlagen. Sollte sich mein Zustand ungeahnt verschlechtern, würde mein Mann bei der Durchsicht meiner Kontoauszüge diese Vollmacht finden.
Indem ich eifersüchtig dieses Wissen für mich behielt, bewahrte ich mir einen letzten Rest an Unabhängigkeit. Ich fürchtete nämlich, daß mein Mann, falls ich ihm von der kleinen Summe erzählte, darauf bestehen würde, daß ich die Rechnungen damit bezahlte, die sich bei uns stapelten. Außerdem waren da auch noch ein paar andere Gebiete, auf denen ich mir einen letzten Rest von Unabhängigkeit bewahren konnte.
Bei meiner Arbeit in der Küche strengte ich mich sehr an, uns mit ausgewogener Ernährung zu versorgen, auch wenn es mir oft passierte, daß ich sowohl Lebensmittel als auch

Kochutensilien bis zur Unkenntlichkeit verkohlen ließ. Ich ging mit großer Sorgfalt an die Zubereitung der – zumeist recht einfachen – Mahlzeiten, so daß ich wenigstens hier noch ein paar Erfolgserlebnisse einheimsen konnte. Irgendwelche komplizierten Rezepte nachzukochen, war zu riskant. Ich klammerte mich an diesen Teil meiner häuslichen Pflichten wie an ein Floß, das den Tag immer weiter hinausschob, der in gar nicht so weiter Zukunft lag und an dem es mit meinen Kochkünsten vorbei sein würde. Ich stellte mir lieber vor, daß dieser Tag nie kommen würde.

Die übrige Hausarbeit hatte ich auf ein Minimum reduziert. Wenn es nötig war, daß mal wieder gründlich saubergemacht und die Möbel poliert werden sollten, vertagte ich dieses Projekt meistens in der Hoffnung auf einen »besseren Tag«, an dem ich mich mehr in der Gewalt hätte.

Ich freute mich immer sehr über die Besuche meiner beiden Enkelkinder, begrenzte aber bereits von vornherein und schweren Herzens die Dauer ihres Aufenthalts. So standen meine Chancen besser, ihren Besuch ohne Probleme genießen zu können. Ich fürchtete ständig irgendwelche Zwischenfälle, wenn sie bei mir waren, die mit Sicherheit dazu geführt hätten, daß ihre Eltern diese Besuche nur noch ungern erlaubten. Die Umstände zwangen mich dazu, auch meine Kinder nur noch selten zu besuchen.

Mein wertvollstes Stück Unabhängigkeit aber stellte mein Auto dar, ein kleines, weißes Cabriolet. Ich wurde mit der Zeit auch eine äußerst defensive Fahrerin. Nichts durfte mir dieses Stück Freiheit nehmen. Ich hatte nämlich Angst, daß mich – trotz der Erlaubnis meines Arztes, weiter einen Wagen zu lenken – schon die kleinste Verkehrssünde oder eine Beule in der Stoßstange meinen heißgeliebten Führerschein kosten könnte. Ich befürchtete, meine Tage als Autofahrerin könnten gezählt sein, sobald mein Gesundheitszustand rücksichtslos in das helle Sonnenlicht Floridas gezerrt wurde.

Die Aussicht, eines Tages die Kontrolle über mein eigenes Heim, meine eigenen Mahlzeiten, meine eigene Familie und mein eigenes Auto zu verlieren, jagte mir einen panischen Schreck ein. Kurz gesagt, ich fürchtete mich entsetzlich davor, auch noch das letzte Zipfelchen an persönlicher Würde und Selbstverantwortung zu verlieren. Meine Diagnose lieferte mich den Elementen aus. Meine Rechte waren äußerst zerbrechlich und delikat. Sie hatten nur noch so lange Bestand, solange nichts Ungünstiges geschah.

Das versetzte mich in einen Zustand völliger Hilflosigkeit, und wie ein Käfer, der auf dem Rücken lag, war ich den Launen von Familie und Fremden gleichermaßen ausgeliefert.

»Ich darf ja nicht in Schwierigkeiten kommen, sonst wird man mich zwingen, auf alle Menschenrechte zu verzichten.« Bis jetzt hatte ich noch nicht die Fähigkeit erlernt, von einem Tag auf den anderen zu leben; die Ungewißheit meiner Zukunft ließ das noch nicht zu. Doch ich wußte, daß ich daran arbeiten mußte. Die Brücke, die ich zu überqueren hatte, war schon wackelig genug wegen der vielen fehlenden Planken. Ich mußte endlich damit aufhören, den zweiten Schritt vor dem ersten machen zu wollen.

Kapitel 10

Sexualität

Es gab einen Bereich in mir, der sehr sensibel war und der der Zuwendung eines anderen Menschen bedurfte. Schon als junges Mädchen war ich extrem sinnlich gewesen und hatte mich zu einer jungen Frau mit ausgeprägten sexuellen Begierden entwickelt. Meine diesbezüglichen Wünsche wurden mit der Zeit zu einer Quelle der Frustration für meinen Mann, dessen Interesse an der Sache sich leider gegenläufig entwickelt hatte. Ob diese Abnahme nun schlicht und einfach am zunehmenden Alter oder an dem physischen Leiden lag, das ihn in regelmäßigen Abständen befällt, wußte ich nicht.

Je weiter die Alzheimer-Krankheit fortschreitet, desto stärker kann bei Betroffenen die Lust auf Sexualität werden. Diese Tatsache stellt ein grundlegendes und gleichzeitig äußerst frustrierendes Problem für Patienten im frühen bis mittleren Stadium dar. Ich selbst kam mir trotz all meiner Schwierigkeiten wie Miss Libido persönlich vor.

Die Lust auf Sex staute sich in mir an, ohne daß ich ein Ventil dafür gehabt hätte. Oder wie sich vielleicht ein Mann ausdrücken würde: »Das Problem ist nicht, daß ich nichts mehr im Rohr hätte. Ich weiß nur nicht, wohin damit!«

Zwischen mir und meinem Angetrauten wuchsen die Spannungen, während jeder von uns versuchte, sich auf seine Weise auf diese neue Entwicklung einzustellen. Mein Mann hatte mit seinem zarten Ego zu kämpfen, und ich mußte höllisch aufpassen, etwas so Delikates wie ein männliches Ego nicht zu beleidigen. Da sei der Himmel vor!

Dabei sehnte ich mich nach heißblütigen, leidenschaftlichen Umarmungen, die ich sowohl körperlich als auch emotional dringend brauchte; ich mußte spüren, wie mein Körper sich hingab, um anschließend in Wellen zu explodieren. Ich konnte mich gar nicht mehr erinnern, wann ich das letzte Mal wirkliche Begierde in den Augen eines Mannes gesehen hatte. Mittlerweile hatte ich einen Punkt erreicht, an dem sogar Werbesendungen für Unterwassermassagen oder die etwas sinnlicheren Werbespots für Parfüms oder Weine über Gebühr mein Interesse erregten. Ich fragte mich, warum Männer im Bett so handsam waren, aber kaum, daß sie die Hosen wieder anhatten, so bockig wurden.

Schließlich wandte ich mich mit meinem peinlichen Problem an meine Fachärzte und auch an meinen Hausarzt und bat sie schüchtern um ein Rezept zur Dämpfung meiner Libido. Meine Bitte wurde mir jedoch abgeschlagen. Mein Hausarzt brach sogar in hemmungsloses Gelächter aus und fragte mich, ob mir überhaupt klar war, daß das, was ich als Problem betrachtete, für den Rest der Welt eine Riesenbereicherung wäre.

Es geschah während eines Ausflugs mit einem Freund – einem emeritierten Professor, der wegen früh einsetzender Alzheimer-Krankheit auf seinen Lehrstuhl an einer großen Universität hatte verzichten müssen –, daß auch ich herzlich über die merkwürdigen Situationen, in die mich mein Triebleben brachte, lachen konnte. Wir waren an unserem Lieblingsstrand, wo der Professor eine kleine Flasche Wein trank und anschließend die leere Flasche auf den Rücksitz meines Cabrios warf. Nachdem ich ihn sicher bei sich zu Hause abgeliefert hatte und selbst heimgefahren war, entdeckte ich die leere Flasche in meinem Wagen – zusammen mit seinen Socken und seiner Unterwäsche! Offensichtlich hatte er seine Unterwäsche auf meinen Rücksitz gelegt, nachdem er sich umgezogen hatte, und dann vergessen, sie wieder mitzunehmen. (Wir haben nun mal hin und wieder kleinere Probleme mit unserem Gedächtnis.)

Ich starrte eine Weile verwirrt auf die Weinflasche und die Unterwäsche, die auf meinem Rücksitz verstreut lag. Dann konnte ich mich vor Lachen nur noch ausschütten, als ich mir vorstellte, was wohl passiert wäre, hätte mein Mann und nicht ich diese Kleidungsstücke entdeckt. Wahrscheinlich hätte er gedacht, daß ich einen Ausweg zur Linderung meiner »Alzheimer-Libido« gefunden hätte.

Ich wusch die Unterwäsche meines Begleiters und schickte sie ihm, zusammen mit einer Notiz: »Schon vermißt?«

Schließlich warf ich doch noch die letzten Schranken von Anstand und Sitte über Bord und versuchte es mit der Do-it-yourself-Methode – Masturbation. Aber ich wußte nicht, wie. Verlegen redete ich mir ein, daß ich es besser nicht täte, da die Kirche – wahrscheinlich – und meine Mutter – mit Sicherheit – es ohnehin nicht billigen würden. Frauen taten so etwas nicht. Das war etwas für Männer.

Im Gegensatz zu meiner sonstigen extrovertierten und lebhaften Art war ich in bezug auf Sex immer ziemlich prüde und zurückhaltend gewesen. Wenn Sie ein 1937er Modell sind, das in eine extrem sittenstrenge Familie aus Puritanern hineingeboren wurde, dann wagen Sie es bestimmt nicht, in aller Öffentlichkeit zu verkünden, daß Ihnen Sex mit einem Partner großen Spaß macht; und allein bringen Sie auf diesem Gebiet auch keine große Experimentierfreude auf.

Schließlich schluckte ich meinen letzten Rest an Stolz hinunter und fragte eine vertrauenswürdige Freundin, wie so etwas denn ginge. Meine Freundin schien mehr durch die Tatsache, daß ich fragte, als durch die Frage selbst schockiert zu sein. Meine Vertraute verwies mich auf ein Buch über weibliche Sexualität, das »detailliert alle Techniken und Hilfsmittel« beschreiben würde.

Und Hilfsmittel konnte diese Sexgöttin wirklich brauchen – batteriegetriebene Hilfsmittel, um ganz genau zu sein. Um sexuelle Entspannung zu finden, legte ich mir schließlich einen Vibrator zu.

Es hatte schon jede Menge Mut erfordert, mich mit meiner Frage an meine liebe Freundin zu wenden, es jedoch auch noch selbst auszuprobieren, dazu gehörte noch weitaus größerer Mut. Ich schloß alle Türen ab, zog die Vorhänge zu und versteckte am Schluß jeden elektronischen Beweis. Und, glauben Sie mir, mit einem Liebhaber im Haus hätte ich mich auch nicht verstohlener und diskreter aufführen können.

Ich habe Ihnen von diesem, für mich sehr delikaten Einzelaspekt meiner Krankheit einfach deshalb erzählt, weil Sie vielleicht ebenfalls in der mißlichen Lage sind, es genau wissen zu wollen.

Je weiter meine Alzheimer-Krankheit fortschreitet – oder besser gesagt, mich mit sich reißt –, desto weniger schäme ich mich jedoch meiner menschlichen Grundbedürfnisse. Als Folge davon bin ich auch anderen und deren Bedürfnissen gegenüber weniger kritisch eingestellt. Vielleicht ist das ja eine Folge meiner vorzeitigen »Verblödung«, aber ich denke nicht. Eher verbirgt sich dahinter meine Erkenntnis, daß ich mich wahrscheinlich dem letzten Stadium nähere und bisher schon viele »letzte Male« erlebt habe, ohne in dem Moment aber zu begreifen, daß es tatsächlich das letzte Mal war.

Dieses Wissen ermöglicht mir jetzt, mein Leben offener und gieriger zu genießen. Ich weiß jetzt alle guten Dinge mehr zu schätzen als früher, ob es sich nun um vertraute Freunde, liebevolle Erinnerungen, die Schönheiten der Natur – oder auch um körperliche Genüsse handelt.

Kapitel 11

Pflichten

Die Zeit der jährlichen Steuererklärung war gekommen. Zeit, alle Unterlagen und Quittungen zusammenzusuchen und sich mit unserem Steuerberater zusammenzusetzen. Dies war bisher immer mein Bereich gewesen, da meine berufliche Ausbildung und meine Praxis auch akribisch genaue Buchführung mit einschloß. Auch dieses Jahr erwartete Jack von mir, daß ich meine Arbeit tat und unseren Steuerberater mit den notwendigen Daten und Zahlen versorgte. Ich war wirklich sehr verblüfft, als ich feststellte, daß Jack gar nicht daran dachte, diese für uns sehr wichtige jährliche Pflicht von nun an selbst zu übernehmen.

Fast einen ganzen Tag lang schlug ich mich mit handgeschriebenen Notizzetteln, eingerissenen Quittungen, Einkommensnachweisen und Ausgabebelegen herum. Schließlich wurde mir klar, daß ich hilflos in geistigem Treibsand festsaß. Deshalb packte ich alles wieder zusammen und schob es in eine große Aktenmappe mit mehreren Fächern.

Für die Fahrt zum Büro des Steuerberaters kalkulierte ich genügend Zeit ein für den Fall, daß ich irgendwo falsch abbiegen oder mich sonstwie verfahren sollte. Als ich schließlich völlig unproblematisch auf einem freien Parkplatz angekommen war, stieß ich einen Seufzer der Erleichterung aus. Den Kopf gegen die Nackenstütze gelehnt, blieb ich noch einen Moment lang sitzen, um mich zu sammeln. Als ich die Hand nach der Aktenmappe ausstrecken wollte, mußte ich zu meinem größten Kummer feststellen, daß sie nicht da war. Ich war völlig umsonst und ohne den kleinsten Steuerbeleg hierher gefahren.

Hastig ließ ich den Motor wieder an und machte mich auf den Rückweg, um die Aktenmappe zu holen. Daheim angekommen, war ich bereits total frustriert und rannte auf der Suche nach der Aktenmappe kopflos durch das Haus. Als ich sie schließlich entdeckt hatte, raste ich wieder zum Auto hinaus. Meine Kehle war wie zugeschnürt und staubtrocken, aber ich konnte mir nicht mehr erlauben, meine Zeit für einen Schluck Wasser zu verschwenden.

Als ich dann ziemlich spät im Büro des Steuerberaters eintraf, mußte ich erst mal vor seiner Tür warten, bis er andere Dinge erledigt hatte, die sich in der Zwischenzeit ergeben hatten. Mühselig arbeitete er sich dann durch meine umständlichen Aufzeichnungen und Belege. Er hatte von meiner Diagnose erfahren und drückte mir nun seine freundliche Anteilnahme aus, wobei er hinzufügte, daß meine gesundheitliche Störung etwas sei, das man normalerweise mit Leuten um die Siebzig oder Achtzig in Verbindung brächte, »aber doch nicht mit Ihnen, Diana«.

Zögernd versuchte ich unserem Steuerjongleur auseinanderzusetzen, daß der Terminus »früh betroffen« eben genau diese atypische Vorzeitigkeit ausdrücken sollte.

Vielleicht befand ich mich mittlerweile in einer Phase, in der ich meine Krankheit allmählich zu akzeptieren begann. Denn – statt es selbst erklärt zu bekommen – erklärte zum ersten Mal ich einem anderen den Frust, den es bedeutete, noch verhältnismäßig jung, gleichzeitig aber früh betroffenes, früh diagnostiziertes Opfer einer Krankheit zu sein.

Auch ich hatte bisher alle Formen von Demenz, nicht nur die Alzheimer-Krankheit, mit älteren Menschen assoziiert, und das hatte es mir noch schwerer gemacht, mein Los zu akzeptieren. Ich gehörte doch nicht zu den Alten. Ich war doch noch nicht völlig verblödet, unfähig oder gar inkompetent.

Normalerweise konnte mir unser Steuerberater immer eine recht realistische Einschätzung unserer fälligen Einkommensteuer geben. Doch aufgrund meiner recht unvollständigen Vorberechnung mußte er dieses Mal unsere Unterlagen noch ein paar Tage durcharbeiten, ehe er unsere Steuererklärung fertig machen konnte. Außerdem schlug er mir vor, daß mein Mann und ich uns wegen bestimmter Dokumente mit einem Anwalt in Verbindung setzen sollten, auch um etwaige »Alternativen« auszuarbeiten. Ich starrte ihn verwirrt an. Welche Alternativen?

Später an diesem Abend erzählte ich meinem Mann vom Vorschlag unseres Steuerberaters, daß wir einen Anwalt aufsuchen sollten. Mein Mann seufzte und meinte, daß wir das wohl noch eine Weile hinausschieben könnten, da sich meine Krankheit seit einigen Monaten auf einem gleichbleibenden Niveau stabilisiert hatte.

»Wir können immer noch zu einem Anwalt gehen, wenn es dir wirklich schlechter geht, falls überhaupt«, fügte er hinzu. Eine Woche später erhielt ich einen Anruf vom Büro des Steuerberaters. Wir hatten eine beträchtliche Rückzahlung zu erwarten und mußten nicht, wie ich befürchtet hatte, eine große Summe nachzahlen. Ich war überzeugt, daß da nur ein Fehler vorliegen konnte. Die arme Sekretärin am anderen Ende der Leitung ging sorgfältig jeden Punkt auf dem Formular noch einmal durch, und ich tat so, als ob ich das alles verstünde. Mein Mann kam gerade von der Arbeit nach Hause, als ich den Hörer auflegte, und ich erzählte ihm, daß da ein Fehler vorliegen und er dringend zu unserem Steuerberater gehen müsse, um alles noch einmal genauestens zu überprüfen. Ich konnte mich einfach nicht beruhigen und mich mit der positiven Neuigkeit abfinden. In meinem Kopf hatte sich nun mal festgefressen, daß wir einige tausend Dollar nachzahlen müßten, und nichts und niemand konnte mir meine Fixierung auf kommendes Unheil austreiben.

Als mein Mann in bester Stimmung vom Steuerberater wieder nach Hause kam, wollte er auch mit mir die Formulare noch einmal durchgehen. Es war sinnlos. Schließlich drückte er mir den Kugelschreiber in die Hand und befahl mir, auf der gestrichelten Linie unter seiner Unterschrift zu unterschreiben. Dann empfahl er die verwirrende Steuererklärung dem großen Finanzamt im Himmel.

Außerdem erklärte er sich bereit, daß er sich von nun an selbst um alle unsere Steuerangelegenheiten und unsere Buchhaltung kümmern würde. Ich zweifelte im stillen an seinen diesbezüglichen Fähigkeiten, hielt ihm aber die Daumen. Bettler können nicht sehr wählerisch sein.

Simple Additionen und Subtraktionen, wie man sie nun mal beherrschen mußte, um einen Überblick über alle ausgestellten Schecks zu behalten, waren mir nicht länger mehr möglich. Mittlerweile benötigte ich einen Taschenrechner mit sehr vielen Knöpfen, um mit den einfachsten Buchungen fertig zu werden. Die Kontoauszüge stimmten kaum mehr mit den Kontrollabschnitten unseres Scheckbuchs überein, so daß ich es mir angewöhnte, immer eine Summe von hundert Dollar nicht über das Scheckbuch laufen zu lassen, das heißt, sie nicht einzutragen, um mir so einen Spielraum von wenigstens hundert Dollar für meine Fehler zu organisieren. Gelegentlich schrieb auch mein Mann einen Scheck aus, ohne ihn in das Buch einzutragen, worauf ich mich förmlich auf dieses Versehen stürzte, das dann als Grund für unser nie ausgeglichenes Scheckbuch herhalten mußte.

Auch meine beiden Söhne wandten sich dieses Jahr wieder mit Fragen hinsichtlich ihrer eigenen Steuererklärung an mich. Ich war baß erstaunt. War ihnen eigentlich nicht klar, daß ich nicht mehr voll einsatzfähig war? In einem Moment behandelten sie mich, als sei ich ein Sicherheitsrisiko, das man nicht allein herumlaufen lassen konnte, aber gleich darauf wollten sie meine Meinung zu komplizierten Steuerangelegenheiten wissen.

Ich hatte keine Antworten für sie. Ich begriff ja nicht einmal die Fragen.

In Begleitung meines kleinen weißen, nicht ganz reinrassigen Terriers Scampi fahre ich jeden Tag die zwei Straßenzüge hinunter bis zu einem Fast-food-Restaurant. Wir ordnen uns in die Schlange für die Bestellungen ein und verlangen zwei Hamburger. Die Angestellten dieses Restaurants sind immer gutgelaunt und unterhalten sich mit Scampi und mir, wenn wir unsere Tüte ausgehändigt bekommen. Eines Tages kam ich nun allein von einer Erledigung zurück und beschloß, unterwegs anzuhalten und die beiden Hamburger gleich mitzunehmen. Da kam der Manager zu meiner großen Überraschung aus dem Restaurant geeilt und fragte mit besorgter Stimme: »Was ist denn mit Ihrem kleinen weißen Hund passiert?«

Ich erklärte ihm, daß Scampi beschäftigt sei und mich geschickt habe, um seinen Hamburger zu holen.

Bei einer anderen Gelegenheit hatte ich mich gerade vor dem Lautsprecher eingeordnet, um meine Bestellung aufzugeben, als Scampi laut aufbellte, ehe ich noch ein Wort sagen konnte. Eine lachende Stimme quittierte sein Bellen mit einem einfachen: »Bitte, fahren Sie durch.«

»Sie sind aber spät dran heute«, fügte sie noch hinzu, als wir durchfuhren.

Ich konnte mir ein Schmunzeln nicht verkneifen, als ich nach Hause fuhr. Mein Leben war so berechenbar geworden! War das nun schlimm oder nicht?

Kapitel 12

Verschiedene Perspektiven

Mein Mann hielt weiterhin an dem Glauben fest, daß sich alles wieder einrenken und ich schließlich geheilt werden würde; auch ich klammerte mich an diesen Gedanken, der mir Auftrieb gab. Mein Bruder zog es jedoch vor, lieber weiter den Kopf in den Sand zu stecken, in der Hoffnung, daß das, was er nicht sah oder hörte, auch nicht existierte. Er machte sich noch rarer als früher, und unser Kontakt bestand schließlich nur noch aus Gesprächen am Telefon, obwohl er nur zehn Meilen von mir entfernt wohnte.

Zu seinem eigenen Schutz klärte ich meinen kränkelnden Vater nicht in vollem Umfang über meine Diagnose und Prognose auf. Ihm war zwar klar, daß ich Probleme mit der räumlichen Orientierung hatte und mir mein innerer Kompaß fehlte, aber ansonsten schien er zu glauben, daß ich nur deshalb nicht mehr arbeitete, weil mein Mann beschlossen hatte, seiner Frau ein Leben in Müßiggang zu gönnen.

Mein ältester Sohn Bill zog es ebenfalls vor, meine Schwierigkeiten vollständig zu ignorieren. Eines Tages, als er gerade zu Besuch bei uns war, rief ich ihn zu mir in die Küche, damit er nachschaute, ob ich auch die richtige Kochplatte meines zweiundzwanzig Jahre alten Herdes eingeschaltet hatte. Obwohl ich seit über zwei Jahrzehnten auf diesem alten Ding kochte, wußte ich plötzlich weder welcher Schalter zu welcher Kochplatte gehörte noch konnte ich die verschiedenen Temperatureinstellungen erkennen.

»Oh, gütiger Himmel, das ist doch nicht zu fassen!« rief er. Später kaufte ich mir einen neuen Herd, auf dem die Kochstufen deutlich zu erkennen waren und die Lage jeder Kochplatte in einem kleinen Diagramm über dem jeweiligen Schalter abgebildet war.

Einmal versuchte ich Bill zu erklären, daß ich mich jedesmal köstlich amüsierte, wenn ich wieder mal irgendwo in der Wildnis gelandet war, weil ich mich verfahren hatte. Schlagfertig entgegnete er: »Das begreife ich nicht, Mom. Aber wo die männlichen Stripper auftreten, das weißt du doch auch.« Hinterhältig spielte er damit auf ein Ereignis im letzten Sommer an, als ich zwei langjährige Freundinnen von mir mit in eines dieser Etablissements in unserer Gegend genommen hatte, in dem solche Vorführungen stattfanden.

Auch meine Tochter lachte gern, war aber genauso schnell bereit, ihrer Wut explosionsartig Luft zu machen. Sie hatte meine Veranlagung geerbt, mir ständig Sorgen zu machen. Darin sind Lynn und ich ganz groß – sehr zum Mißfallen unserer unbekümmerten Ehemänner. Doch je älter meine Tochter wurde, desto stärker erkannte ich eine Tendenz in ihr, bestimmten Problemen aus dem Weg zu gehen, wenn ihr das zweckmäßig erschien. Ob das nun eigennützig war oder nur ihrem Selbstschutz diente, das weiß Gott allein. Das ist nämlich ein großer Unterschied.

Shaun, mit seinen zweiundzwanzig Jahren mein Jüngster, war derjenige, der mir am meisten half und mich beschützte. Obwohl auch er sich meine Situation nicht in vollem Umfang eingestehen wollte, war klar, daß Shaun als einziger erkannte, in welcher mißlichen Lage ich mich befand. Jedesmal, wenn er zu Besuch kam, schaute er sich erst mal gründlich im Haus um, holte Milch und andere Lebensmittel, deren Verfallsdatum abgelaufen war, aus dem Kühlschrank und warf sie fort. Manchmal fragte er mich auch, ob ich in der letzten Zeit »etwas von diesem Zeug« gegessen hätte, und ermahnte mich, überhaupt besser auf meine Gesundheit aufzupassen. Ein anderes Mal, als ich nicht zur verabredeten Zeit am verabredeten Ort erschienen war, fuhren er und seine Schwester ein ganzes Stadtviertel ab, um mich zu suchen, Shaun war ganz blaß vor Sorge.

Obwohl mir Shaun immer und immer wieder erklärte, ich solle meine niederschmetternde Diagnose bloß nicht so ernst nehmen – »dir geht es doch prächtig« –, war es aber gerade dieser Sprößling, der von Panik ergriffen wurde, als ich nach einem Termin beim Arzt nach Hause ging, statt, wie verabredet, zu warten, bis ich abgeholt wurde. Ich sehe immer noch seinen verblüfften Gesichtsausdruck vor mir, als er nach einer Stunde der vergeblichen Suche nach Hause fuhr, um seinen Vater (und wahrscheinlich auch die zuständige Polizeistation) von meinem Verschwinden zu unterrichten, und mich nach meinem langen und unüberlegten Spaziergang dort in Sicherheit fand.

»Ich kann einfach nicht glauben, daß du das getan hast«, murmelte er, verwundert seine unberechenbare Mutter anstarrend. »Ich kann es nicht. Ich bin wirklich total überrascht, Mom. Tu so etwas nie mehr wieder.«

Shaun war es auch, der mich im Gespräch regelmäßig anfeuerte: »Na komm, mach schon, Mom, etwas schneller.« Das machte jedoch alles nur noch schlimmer, und ich fing nervös zu stottern an. Ich tat ohnehin schon alles, was in meinen Kräften stand.

Eines Morgens passierte es, daß ich mit meinem treuen weißen Terrier Scampi ins Bad ging und dort ein langes, haariges Nagetier entdeckte, das auf dem Klodeckel hockte. Scampi und ich traten uns gegenseitig auf die Füße, als wir uns fluchtartig zurückzogen. Vor der Tür dachte ich aber: »Nein! Nicht einmal in New York gibt es so große Ratten!« Vorsichtig öffnete ich die Tür einen Spalt und sah, daß offensichtlich ein Opossum seinen Weg durch unsere Katzentür gefunden hatte und auf die Toilette geklettert war. Ich rief Shaun an und bat ihn, herüberzukommen und das Opossum zur Räumung unseres WCs zu veranlassen.

»Mom, was hat denn ein Opossum in deinem Bad zu suchen?« fragte er ungläubig.

»Es hockt auf dem Klodeckel«, antwortete ich wahrheitsgemäß.

Shauns Stimme klang ruhig und zuckersüß, als er mir die Anweisung gab, mich hinzusetzen, mich ruhig zu verhalten und nichts, absolut nichts zu unternehmen, bis er käme. Ich wußte, er glaubte mir nicht, daß ich ein Tier in meinem Badezimmer hatte. Als er kam, war er in Begleitung seiner langjährigen Freundin. Sie bauten sich je rechts und links neben mir auf und erkundigten sich nach meiner Gesundheit. Ich fragte Shaun, ob er denn gar nicht die Absicht habe, mich von diesem Opossum zu befreien.

Shaun seufzte und willigte schließlich ein, wenigstens mal einen Blick ins Bad zu werfen. Es verging keine Sekunde, da drehte er sich ruckartig um und flüsterte seiner Freundin ungläubig zu: »Da drinnen sitzt tatsächlich ein Opossum!«

Das Opossum auf dem Klodeckel wurde schleunigst in den Hinterhof hinausbefördert, und meine angezweifelte Zurechnungsfähigkeit war gerächt.

Einige Zeit danach, als Shaun seine Schwester Lynn während eines Besuchs bei uns über die jüngsten Entwicklungen aufklärte, vertraute er ihr folgendes an: »Sieh mal, es ist so. Meistens muß Mom erst zweimal nachdenken, bevor sie etwas versteht. Die übrige Zeit aber vergißt sie schlicht und einfach alles.«

Lynn war von allen meinen Kindern das unerschütterlichste. Die Entfernung von zweitausend Meilen, die zwischen uns lag, war da offensichtlich sehr hilfreich. Bei unseren Ferngesprächen unterbrach sie mich oft und meinte: »Langsam, ganz langsam, Mom, du redest ja wie ein Maschinengewehr. Ich verstehe nur einen Teil von dem, was du sagst!«

Indem ich der Bitte meines Sohnes nachkam, doch mal schneller zu reden, damit Lynn keine weitere Verschlechterung meines Zustands auffiel, erreichte ich oft genau das Gegenteil.

Meine beiden Enkelkinder, die elf und vier Jahre alt waren, waren mir gegenüber die aufrichtigsten von allen, wie das meistens bei Kindern der Fall ist. Früher hatte ich sie oft mit in den Stadtpark, an den Strand, in den Zirkus, ins Kino oder in Fast-food-Restaurants genommen. Das war nun vorbei. Was gewesen war, war gewesen. Die Kinder begriffen schnell, daß ich nicht mehr so konnte wie früher, ohne daß man es ihnen extra sagen mußte. Jetzt fingen sie an, auf mich »aufzupassen«, statt umgekehrt. Sobald ich müde oder mürrisch und fahrig wurde, konnte ich damit rechnen, daß sie mir die obligatorischen und verräterischen Fragen stellten: »Machen wir dich nervös? Stimmt etwas nicht?«

Der schlimmste Zwischenfall ereignete sich eines Tages, als die Kinder bei mir zu Besuch waren und ich doch tatsächlich völlig vergaß, daß sie überhaupt da waren; ich zog mich einfach für ein Nickerchen in mein Zimmer zurück und überließ sie sich selbst. Der Vierjährige ist nun aber nicht der Typ Kind, das man sich selbst überlassen kann – nie.

Nach monatelanger quälender Selbstbeobachtung und Einschätzung meiner Misere und der stoischen Haltung meiner Familie dämmerte es mir schließlich, daß wir meinen Zustand offensichtlich aus zwei völlig entgegengesetzten Blickwinkeln betrachteten. Es war, als würde ich mich an einem Ende eines Teleskops, meine Familie sich aber am anderen Ende befinden, wobei beide zwar angestrengt in das Instrument hineinblickten, aber jeweils nur die genau entgegengesetzte Perspektive wahrnehmen konnten.

Bei jedem zusätzlichen Problem mit meinem Gedächtnis oder meiner Konzentration schreckte ich alarmiert hoch. Aber ich sprach mit niemandem aus der Familie darüber. Statt dessen spielte ich munter weiter mein Versteckspiel, obwohl alle schon lange Bescheid wußten. Jeder weitere Verlust meiner geistigen Fähigkeiten ging einher mit zusätzlichem Kummer und Angst, aber ich setzte meine albernen Täuschungsmanöver unbeirrt fort.

Von ihrem entgegengesetzten Ende des Teleskops aus konzentrierte sich meine Familie jedoch nicht auf das, was mir mittlerweile fehlte, sondern auf das, was mir noch geblieben war. Ich begriff, daß dies zum Teil eine Form der Verleugnung war. Mit Shauns Hilfe jedoch (der offener und fürsorglicher als meine älteren beiden Kinder mit mir umging) verstand ich schließlich, daß am anderen Ende meines Lebensteleskops meine Familie fest die Reihen geschlossen hatte.

Ich begriff, daß sie mit diesem Verhalten wahrscheinlich auf dem richtigen Weg waren. Sie beobachteten mich zwar, konzentrierten sich dabei aber auf das, was ich noch hatte, und nicht darauf, was mir fehlte. Meine Familie stand am richtigen Ende des Teleskops, während ich die Situation vom falschen Ende aus beurteilte und deshalb alles etwas verzerrter sah.

Mein Mann hatte es mittlerweile aufgegeben, Gespräche mit den Worten »Weißt du noch...« zu beginnen, sondern unterhielt sich inzwischen mit mir über gemeinsam Erlebtes, als ob er mir zum ersten Mal davon erzählte. Manchmal konnte ich mich an das, was er noch wußte, tatsächlich nicht mehr erinnern. Aber es kam auch vor, daß seine Worte Erinnerungen in mir wachriefen, die in meinem Gehirn noch lebendig und abrufbar waren, wodurch ich Gelegenheit hatte, mit einem »Ja, und das war doch dann, als...« darauf zu antworten. Es war eine sehr nette Art von ihm zu überprüfen, inwieweit ich mich an den einen oder anderen Vorfall noch erinnern konnte oder nicht, ohne mich dabei bloßzustellen. Einfach die Frage zu stellen, ob ich es noch wüßte oder nicht, wäre demütigend gewesen, ganz gleich, ob ich mich erinnern konnte oder nicht. Ich fühlte mich viel wohler, wenn er mir einen Vorfall einfach erzählte, da ich so die Wahl hatte, mir diese »neue« alte Erinnerung einfach anzuhören, oder aber in seine Reminiszenzen mit einzustimmen.

Erleichterung erfaßte mich. Die Erkenntis über das Verhalten meiner Familie war ein geistiger Durchbruch für mich! Von jetzt an mußte ich mich auf das konzentrieren, was ich noch hatte, nicht auf das, was mir fehlte.

Kapitel 13

Die Zeit läuft

Ich litt oft unter vielen unbegründeten Ängsten und ließ mich von Horrorgeschichten in den Medien unmäßig aus dem Gleichgewicht werfen. Doch gleichzeitig legte ich eine große Unbekümmertheit hinsichtlich meiner persönlichen Sicherheit an den Tag (wie der Zwischenfall gut zeigte, als ich allein von meinem Arzttermin nach Hause ging). Oft passierte es mir, daß ich das ganze Haus abrannte auf der verzweifelten Suche nach meinem »abwesenden« Mann, der aber entweder in seiner Werkstatt oder aber im Garten arbeitete.

Mein Mann verhielt sich manchmal überhaupt sehr verwirrend und frustrierend für mich. Hin und wieder bat er mich, bestimmte Dinge zu erledigen, die meine schwindenden Fähigkeiten auf eine harte Probe stellten, und wenn ich dann versuchte, ihm lang und breit zu erklären, hatte er es sich angewöhnt, mir mit einer Handbewegung – »jetzt komm, mach schon« – anzudeuten, daß ich mich gefälligst beeilen sollte. Allein der Anblick dieser Handbewegung reichte aus, daß ich auf der Stelle zu stammeln und zu stottern anfing und vollends den Faden verlor.

Mein Mann trieb mich oft bis über die Grenzen meiner Fähigkeiten hinaus an, rief aber tagsüber, wenn er in der

Arbeit war, regelmäßig zu Hause an, um sich zu erkundigen, wie es mir ginge. Kam er dann abends heim, brauchte er nur einen Blick auf mich zu werfen, und er wußte, ob ich einen guten oder schlechten Tag gehabt hatte. Ich versuchte natürlich, ihm die schlechten Tage zu unterschlagen – noch so ein sinnloses Versteckspielchen. Leider wußte ich vorher nie, nach welchen Kriterien er einen Tag als gut oder schlecht einstufte, und so war ich mir nie sicher, wie ich mich ihm gegenüber geben sollte. Nach und nach gab ich meine Täuschungsmanöver jedoch ganz auf, da es mir an der Konzentration mangelte, ihm nach einem schlechten Tag auch noch etwas vorzuspielen.

Einschlafstörungen und eine generelle Schlaflosigkeit zerrten mehr und mehr an meinen Nerven. War ich dann doch einmal eingenickt, war mein Schlaf nur oberflächlich und durchsetzt von abgehackten und peinigenden Träumen. Ich verlor dramatisch an Gewicht. Es war noch gar nicht lange her, da hatten mich meine Altersgenossinnen darum beneidet, in meinem Alter noch dieselben Maße wie als junge Frau zu haben. Durch den Gewichtsverlust wirkte ich jetzt jedoch richtig ausgemergelt. Ich tat alles, um wieder zuzunehmen, und nachdem ich mich ein Jahr lang angestrengt hatte, hatte ich endlich wieder acht von meinen verlorenen Pfunden zugelegt, was meinem Aussehen sehr gut tat.

In mein Benehmen hatte sich außerdem ein gewisser Zwang geschlichen, der dazu führte, daß ich mich mehrmals täglich vergewisserte, welches Datum, welche Tageszeit wir hatten und wo sich meine Handtasche und andere Habseligkeiten befanden. Ich entwickelte auch ziemlich schnell bestimmte Rituale und Gehabe, wie sie typisch für nachlassende Geisteskräfte sind. Ich fragte meinen Mann immer wieder nach dem Datum, meine Sprache wurde derber, und ich verließ nachts nicht mehr meine unmittelbare Nachbarschaft; ich wurde auch zusehends nervöser und ängstlicher, wenn ich beim Autofahren Beifahrerin war. Dagegen konnte es passieren, daß meine Wäsche übermäßig lange in der Waschmaschine oder im Trockner blieb, bis sie, normalerweise von meinem Mann, entdeckt wurde.

Mein Bedürfnis nach Aufmerksamkeit, Loyalität und Zuneigung stieg sprunghaft an. Trotzdem zögerte ich, neue Freundschaften zu schließen. Ich wurde auch sehr vorsichtig, wenn es darum ging, entweder telefonisch oder an der Haustür mit Vertretern zu sprechen, für den Fall, man könnte mich überrumpeln und mir kostspieliges und nutzloses Zeug aufschwatzen.

Ich bemühte mich weiterhin, mir das Rauchen abzugewöhnen. Ich probierte es mit jeder auf dem Markt befindlichen Methode und erfand noch eigene dazu. Mir war nur allzu bewußt, welche Wirkung Nikotin auf das Gehirn hat, und ich wollte meinen Gehirnfunktionen eine faire Chance geben. Ein Gehirn, das ohnehin schon zu kämpfen hat, muß nicht noch zusätzlich mit schädlichen Giften vollgepumpt werden. Außerdem wollte ich mit dem Rauchen aufhören, ehe die Gefahr bestand, daß ich das Haus in Brand steckte. Das konnte nämlich leicht passieren.

In meiner Jugend hatte ich einige Jahre lang klassische Klaviermusik studiert und sogar den Ehrgeiz entwickelt, Pianistin zu werden. Als Erwachsene hatte mir mein Klavierspiel als beruhigende Therapie und als unterhaltsames Hobby gedient. Jetzt mußte ich feststellen, daß es mir immer schwerer fiel, Noten zu lesen; folglich klang mein Spiel ziemlich hölzern, und manchmal kam ich sogar in die Verlegenheit, daß ich mich nicht mehr an die Namen meiner Lieblingsstücke und ihrer Komponisten erinnern konnte. Ich versuchte es mit populären Melodien und Country-music, aber auch das nützte nichts mehr. Meine musikalischen Fähigkeiten waren mir bereits völlig abhanden gekommen. Alles, was mir geblieben war, war eine immense Freude, mir Musik vom Band oder von der Platte anzuhören. Ich mochte vor allem die Aufnahmen aus meiner Jugend und die einfacheren, zu Herzen gehenden Interpretationen von Country-Musikern. Was ich dagegen nicht ertrug, das war der schrille Sound harter, moderner Rockmusik.

Schuldgefühle umstellten mich wie eine Horde Feinde, als ich schließlich damit anfing, Situationen zu vermeiden, bei denen ich von vornherein zum Scheitern verurteilt war. Mein Vater erkrankte in dieser Zeit schwer und mußte sich zum zweiten Mal vier Bypass-Operationen unterziehen. Ich zwang mich, am Tag der Operation im Krankenhaus anwesend zu sein. Doch sobald man ihn auf die normale Pflegestation gebracht hatte, erfand ich immer wieder neue Ausreden, um ihn nicht in dem Labyrinth aus Korridoren und Gängen besuchen zu müssen, aus dem dieses große medizinische Zentrum bestand. Während der beiden Tage, die ich dort verbrachte, wurde ich auf das schlimmste mit meinen eigenen Defiziten konfrontiert. Als ich mich einmal hoffnungslos verlaufen hatte, informierte ich mit leiser, kläglicher Stimme eine freundlich aussehende Schwester, daß ich eine Alzheimer-Patientin sei, und bat sie, mir doch den Weg zurück ins Wartezimmer zu erklären. Sie schrieb mir kurz die nötigen Einzelheiten auf und begleitete mich anschließend noch zum Aufzug.

Als ich mit vielen anderen in den Aufzug stieg, fiel mir ein distinguiert aussehender Herr im dunkelblauen Anzug auf, der neben mir in den Lift trat. Irgendwie löschte er alle bereits gedrückten Knöpfe mit den verschiedenen Stockwerken und drückte zu meiner großen Erleichterung auf den Knopf mit meinem Stockwerk. Als wir ausstiegen, wollte er die Zimmernummer und andere Angaben wissen, die mir die

Krankenschwester in meine schweißnasse Hand gedrückt hatte. Ich war verblüfft. Woher wußte er, daß ich einen Zettel in der Hand hatte? Nachdem er den Zettel gelesen hatte, um den sich meine Faust ballte, begleitete er mich zu einer Schwesternstation und bat die dort anwesende Schicht, sich um mich zu kümmern. Ich habe keine Ahnung, wer dieser Mann war, vermute aber, daß es sich dabei um einen Arzt handelte, der meine geflüsterte Unterhaltung mit der Schwester mitangehört hatte.

Solche Menschen sind die unbekannten, aber hoch geschätzten Retter eines jeden Alzheimer-Patienten.

Kapitel 14

Ängste

Die schlimmsten meiner Befürchtungen kreisen alle um dasselbe Thema. Würde mein Mann, mit dem ich seit über zwanzig Jahren verheiratet war, auch weiter für mich da sein und mich pflegen, wenn es mir noch schlechter ging? Er ist ein robuster, stoischer Mensch, und wir hatten nach vielen problematischen Jahren erst vor kurzem wieder einen ausgeglichenen Zustand in unserer Ehe erreicht. Was, wenn er einer Frau überdrüssig würde, die ihre Sinne nicht mehr beisammen hatte (falls so meine Zukunft aussehen sollte)? Was würde aus mir werden? Ich konnte nicht leben ohne seine moralische Unterstützung und ließ ihn immer wieder schwören, daß er sich für den Rest meines Lebens um mich kümmern würde. Kaum hatte er mir das versichert, bohrte ich schon weiter und wollte wissen, ob ihm denn überhaupt klar sei, wie schwer das in Zukunft für ihn werden könnte. Es war, als wollte ich seinen Schwur unterminieren und ihn in seiner Entschlossenheit erschüttern, indem ich ihm bis ins kleinste Detail schilderte, was alles Schreckliches passieren könnte, falls es weiter mit mir so bergab ging. Ich war voller Verzweiflung auf seinen bedingungslosen Rückhalt angewiesen. Die meiste Zeit bestätigte er mir auch ruhig, daß er immer für mich da wäre; und für den Fall, daß er allein tatsächlich nicht mehr mit meinen Anforderungen klar käme, würde er sich dann Gedanken machen, wenn es soweit wäre, und nicht eher.

Um diese sinnlosen Debatten zu beenden, wiederholte er normalerweise immer wieder den einen Satz, daß es nie soweit mit mir käme. Er kannte mein Ziel: so lange durchzuhalten, bis der medizinische Fortschritt es mir ermöglichte, meinen Verfall zu stoppen.

Als man bei meinem Mann eine chronische und unheilbare Nierenkrankheit diagnostizierte, kam eine weitere Angst hinzu. Wegen seines hohen Blutdrucks und erhöhten Cholesterinspiegels bestand bei ihm auch das Risiko eines Herzinfarktes. Ich quälte mich mit der Sorge, ob ich ihn wohl ausreichend pflegen könnte, sollte er wirklich meine Hilfe benötigen. Wahrscheinlich nicht, wie ich mir eingestehen mußte.

Auf diese neue Angst folgte bereits die nächste in Form der Erkenntnis, daß ich plötzlich ganz allein dastehen würde, sollte mein Mann zum Pflegefall werden oder sterben. Wie die meisten Frauen mochte ich nicht einmal daran denken, daß ich meinen Gefährten der letzten fünfundzwanzig Jahre verlieren könnte. Meine Sorge hing natürlich eng mit der Unsicherheit hinsichtlich meiner eigenen medizinischen Zukunft zusammen.

Und nicht nur das, auch das Wissen um die Tatsache, daß die Alzheimer-Krankheit eine familiäre, offensichtlich auch genetisch bedingte neurologische Störung ist, ließ mir das Herz schwer werden. Ohne es zu wissen, konnte ich meinen Kindern – und Enkelkindern – dieses entsetzliche Erbe bereits weitergegeben haben, so wie ich es unschuldig geerbt hatte.

Es gibt ein altes Sprichwort: »Kleine Kinder – kleine Sorgen, große Kinder – große Sorgen.« Obwohl meine drei Kinder bereits erwachsen waren, war die bloße Vorstellung schon schrecklich, daß ich allen oder einem von ihnen einmal zur Last fallen könnte. Dazu kam, daß ich dieselbe Haltung wie die meisten Mütter hatte, ich betete zu Gott, daß er mich davor bewahren möge, jemals auf eines meiner Kinder angewiesen zu sein. Auch wenn sie schon lange erwachsen waren, sah ich sie immer noch als Kinder und nicht als Menschen, die einem anderen Fürsorge angedeihen ließen.

Was würde aus mir werden, wenn mein Zustand sich verschlechterte? Würde man mich pflegen, mich liebevoll und mit Anteilnahme behandeln? Oder würde ich zu einer unwillkommenen und ungeliebten Last werden, einer Quelle von Zank und Hader? Oder schlimmer noch, würde man mich wie Luft behandeln? Würde man mir noch erlauben, ein Minimum an Würde und Lebensqualität aufrechtzuerhalten? Oder würde man in mir nur menschlichen Abfall sehen, ohne Wert und Gefühle?

Ich konnte die Verzweiflung von schwerkranken Menschen sehr gut verstehen, die aus Unsicherheit und Zukunftsangst ihrem Leben selbst ein Ende gesetzt hatten. Als in den Nachrichten von der Anklageerhebung gegen einen Arzt aus Michigan zu hören war, der todkranken Menschen geholfen hatte, Selbstmord zu begehen, saß ich verzweifelt vor dem Apparat. Auch wenn meine eigene Angst vor der Zukunft noch so groß war, war es mir plötzlich nicht möglich, im Selbstmord eine Alternative zu sehen.

Trotzdem war ich der Meinung, daß Menschen mit chronischen Krankheiten die Wahl haben sollten, sanft von diesem Leben in ein anderes hinübergleiten zu wollen oder aber zu einem Dasein in Schmerzen verdammt zu sein. Wann immer ich mich auf dieses moralische Minenfeld vorwagte und freimütig meine Meinung dazu äußerte, warfen mir die anderen mehr als entlarvende Blicke voller Besorgnis zu. Sollen sie doch denken, was sie wollen, seufzte ich.

Uns ist das Recht auf Leben garantiert, jedoch nicht das Recht zu sterben. Man garantiert uns nur die Jagd nach dem Glück, nicht jedoch dessen Erfüllung. Es gibt Vereine, die sich dafür einsetzen, Tieren eine Verlängerung ihrer Qualen zu ersparen, doch unsere wohltätige Zuneigung unseren Haustieren gegenüber erstreckt sich nicht auf unsere Mitmenschen. Statt dessen erheben Gesetz und Religion ihr gräßliches Haupt und heulen empört auf. Ich wußte genau, was mein Pastor sagen würde, könnte er meine Einstellung hören. Seine Stimme wäre leise, aber fest in ihrer Verdammung eines solchen Gedankens. Christliche und jüdische Märtyrer würden herhalten müssen, um die Überzeugung dieses Geistlichen zu untermauern. Ich weiß aber nicht, ob ich das Zeug zu einer Märtyrerin habe.

Kapitel 15

Begleitende
Therapie

Als Begleiterscheinung meiner Krankheit litt ich zeitweise unter solchen Depressionen und Panikattacken, wie ich sie niemals zuvor erlebt hatte. Alle Alzheimer-Patienten, die ich kennengelernt oder von denen ich gehört hatte, waren viel schlimmer dran als ich. Da mußte bei mir doch ein ganz entsetzlicher Irrtum vorliegen! Schließlich wandte ich mich wieder um Hilfe an meine Ärzte. Ich mußte irgendwie raus aus diesem dunklen Raum, der mich umschloß.

Mein behandelnder Arzt vertraute mir an, daß auch sein Vater an Alzheimer gelitten hatte. Er erzählte mir, daß sein Vater bei ähnlichen Symptomen »sich nie ganz verloren« hätte. Er war natürlich eingeschränkt in seinen Fähigkeiten gewesen, aber immer noch »er selbst«. Das zu wissen, war sehr ermutigend und tröstlich für mich.

Mein freundlicher Hausarzt gab mir zusätzlich den Rat, daß ein neues Medikament, das sich in den Testreihen als recht effektiv erwiesen hatte, kurz vor seiner Zulassung durch die staatliche Arzneimittelbehörde stand. Er ermutigte mich auch, weiter zu schreiben, auch wenn ich mich zu dem Zeitpunkt zu reduziert fühlte, um noch irgendwelche notierenswerte Gedanken zu produzieren. Ferner würde er sich gerne mein altes Manuskript durchlesen, in dem ich meinen anfänglichen Kampf mit der Demenz schilderte.

Meine Therapeutin, die mich psychologisch betreute, war selbst Zeugin des Kampfes ihres Schwiegervaters gegen die Alzheimer-Krankheit gewesen, und auch sie machte mir viel Mut.

Da einige meiner Ängste und Schwierigkeiten auf Probleme in meiner Ehe zurückzuführen waren, wurde auch mein Mann zu den Therapiesitzungen dazugebeten. Meine erhöhte Libido war eine Quelle ständiger und großer Frustrationen. Da mein Mann und ich aber ein Interesse daran haben, unsere Ehe zu verbessern, werden mit der Zeit vielleicht auch meine sexuellen Frustrationen wieder nachlassen. Man schlug mir verschiedene Methoden zur Handhabung dieses Problems vor, und ich hatte das Gefühl, endlich wieder Licht am Ende des Tunnels zu sehen. Nur hoffentlich kam mir da kein Zug entgegen.

Schritt für Schritt, wobei es millimeterweise und nicht zentimeterweise vorwärts ging, fühlte ich mich wieder wohler in meiner Haut und als Herrin der Lage. Ich war wieder optimistischer und meine Einstellung positiver, obwohl ich immer noch anfällig für periodisch mich heimsuchende Wellen der Angst und Anspannung war, ein Zustand, der immer mit großer Verzweiflung angesichts der kleinsten Enttäuschung einherging. Aber ich lernte mit der Zeit, meine Gedächtnislücken gleichmütig zu akzeptieren.

Eines Tages versuchte ich, die Aufmerksamkeit meines Jüngsten auf mich zu ziehen. In meinem Bemühen, mich an seinen Namen zu erinnern, zählte ich schließlich die Vornamen aller Familienmitglieder und Freunde, einschließlich des Familienhundes auf. Ich wußte, das war mein Sohn, mein Baby – mir wollte bloß in drei Teufels Namen nicht einfallen, wie er hieß!

Als ihm klar wurde, daß die gemurmelte Litanei aus verschiedenen Namen ihm galt, drehte er sich um, musterte mich scharf und sagte dann mit einer leisen, sanften Stimme: »Mom, ich bin Shaun. Weißt du noch, Mom? Shaun!« »Oh, natürlich bist du das!« rief ich froh aus und beugte mich vor, um ihn auf die Wange zu küssen. »Und werde bloß nie ein anderer!«

Kapitel 16

Erinnerungen

In dem Maße, in dem meine Verbindung zur Gegenwart mir entgleitet, finde ich zunehmend Trost in den Erinnerungen an die Vergangenheit. Meine Kindheit ist mir so präsent, daß ich tatsächlich noch den Geruch der kleinen Stadtbücherei in der Nase habe, in der ich damals so viele Stunden verbrachte. Eine Mischung aus Holzfußböden, Marmor, alten Bücherregalen und dem modrigen Geruch alter Bücher, die dem alten Gebäude die friedliche, beruhigende Atmosphäre einer Kirche verlieh.

Obwohl ich seit Jahrzehnten keine Schneeflocken mehr gesehen habe, spüre ich sie jetzt auf meiner Zunge (genau wie die Eiszapfen – die Vorläufer von Eis am Stiel –, die wir immer abgebrochen und gelutscht haben). Ich erlebe die totale, absolute Stille einer tiefverschneiten Welt. Selbst der prickelnde Schmerz, den ich verspürte, wenn ich mir im Haus meiner Klavierlehrerin meine halb erfrorenen Finger wieder aufwärmte, selbst dieser Schmerz wird nun zur bittersüßen Erinnerung. Damals, als ich mir eines Nachmittags meine Hände aufwärmte, sah ich im Fernsehen die Krönung von Königin Elizabeth II. Meine Klavierlehrerin hatte den Fernsehapparat in den Gang gestellt, damit ihre Schüler, die, aus der Kälte kommend, dort warteten und vor sich hintauten, die langatmige Zeremonie beobachten konnten.

Visionen der ersten Narzissen im Frühling in Ohio schwirrten durch meinen Kopf. Ich sehe noch vor mir, wie sie sich zögernd ihren Weg durch den noch halbgefrorenen Boden Ohios bahnen, kurz innehalten, als wollten sie die Temperaturen draußen überprüfen, ehe sie sich in ihrer ganzen goldenen Pracht entfalten.

Meine eigene Stimme klingt mir in den Ohren, wenn ich mich an mein frohes Lachen bei der Jagd auf Glühwürmchen oder Leuchtkäfer erinnere, wenn ich in Sommernächten über den Rasen vor dem Haus laufe. Ich fing auch einige, tat sie in ein Einweckglas, setzte mich davor und betrachtete hingerissen meine blinkende »Laterne«.

Voller Zärtlichkeit erinnere ich mich daran, wie mir meine Tanten, die selbst noch im Teenageralter waren, beibrachten, die Bahngleise entlangzubalancieren. Ich hatte immer unter Höhenangst gelitten, also machten sie mir so lange Mut, bis ich fähig war, meine Angst soweit zu überwinden, um eine kleine Eisenbahnbrücke unweit des Hauses meiner Großmutter väterlicherseits auf den Gleisen zu überqueren. Ich erinnere mich an das Pfeifen des Zuges und das Keuchen der Dampflokomotive, die die stille Nacht zerrissen, als ich bereits wieder mollig warm im weichen Federbett meiner Großmutter lag.

Ich erinnere mich an meine Großmutter und ihre Geige. Als junges Mädchen hatte sie eine Musikschule absolviert und anschließend in einem Violinensemble gespielt. Der Unfalltod ihres jungen Ehemannes hinterließ sie als Witwe mit Kind. Was zur Folge hatte, daß sie nur noch zum – wenn auch sehr geschätzten – Zeitvertreib auf ihrer Geige spielte. An einem Weihnachtstag, kurz vor ihrem Tod, war sie von einer meiner Cousinen heimlich dabei beobachtet worden, wie sie sich von ihrem Krankenlager erhoben und vor einen großen Spiegel hingestellt hatte. Sie hatte sich ihre geliebte Geige (an der mittlerweile schon ein paar Saiten fehlten) unter das Kinn geklemmt und langsam und feierlich »Stille Nacht« auf einer Saite gespielt. Heute besitze ich dieses immer noch schöne Instrument, zusammen mit Großmutters Diplom. Ich frage mich, was wohl aus diesen Erbstücken werden wird, wenn ich nicht mehr bin.

In dem Bemühen, die Vergangenheit mit der Gegenwart zu verbinden, verwende ich große Anstrengungen darauf, alte Freundschaften, die oft bis zu meiner Volksschulzeit zurückreichen, aufrechtzuerhalten oder aufzufrischen. Meine liebe Freundin Marie Thomerson hilft mir dabei, auch wenn sie zuerst der Meinung war, mich hätte nur ein simpler Anfall von Nostalgie gepackt.

Manchmal endeten meine Versuche, alte Beziehungen wieder anzuknüpfen, aber ziemlich unerfreulich, worauf ich jedesmal mit Verzweiflung reagierte. Diese Menschen kannten doch die alte Diana Friel, und mit ihrer Hilfe könnte ich den Schleier der Zeit lüften und sie – mich – wiedersehen. Das hätte mir sehr gefallen!

Ich war und bin ein Mensch, der jede freundliche Geste von seiten meiner Freunde und Bekannten außerordentlich zu schätzen weiß. Jetzt erkenne ich, daß alles, was wir tun, wichtig ist. Es gibt keinen Ersatz für Güte und Freundlichkeit, keine Entschuldigung für brüskes oder abweisendes Benehmen.

Obwohl, oder vielleicht gerade weil ich so großen Wert darauf legte, alte Freundschaften zu pflegen, scheiterte ich kläglich bei vielen dieser Versuche. Doch einige meiner Freunde standen mir weiterhin in Freundschaft und Verständnis zur Seite, obwohl sie keine Ahnung davon hatten, welches Trauma ich durchmachte oder welche Veränderungen mit mir vor sich gingen.

Doch ich habe auch Verständnis für diejenigen, die sich den schmerzlichen Veränderungen in mir nicht anpassen konnten oder wollten!

Ich werde sie alle vermissen.

Kapitel 17

Im Labyrinth

An guten Tagen bin ich voller Hoffnung und Entschlossenheit, mein gegenwärtiges Niveau zu halten, bis die medizinische Forschung ihren großen Durchbruch gelandet hat. An schlechten Tagen wird mir klar, daß ich ungefähr dieselbe Chance habe, wie in Floridas Lotterie zu gewinnen: nämlich eins zu fünfzehn Millionen.

Das sind die Zeiten, in denen ich mich besonders allein und entsetzlich wertlos fühle. Jeder von uns hat doch das Gefühl, als Mensch einen bestimmten Wert zu haben – eine Person zu sein, die dieselben Rechte und Privilegien wie andere Leute auch hat. Ich empfinde meinen mangelnden Selbstwert immer dann am stärksten, wenn ich in größeren Gruppen bin. Es macht mich immer völlig fertig, mich in einer Menschenmenge oder selbst auf einer geschäftigen Durchgangsstraße zu bewegen. All diese »verdienstvollen« Menschen, die ein Ziel haben – die wissen, wohin sie gehen.

Trotzdem hocke ich immer noch freiwillig allein zu Hause und leide schrecklich unter meiner Einsamkeit. Das Radio und der Fernsehapparat schweigen. Ich befinde mich in der Schwebe. Irgendwo in der Nähe liegt meine immer präsente Liste, die mich daran erinnern soll, was ich heute erledigen muß. Aber ich kann sie nicht finden. Ich beschließe, die

Wäsche zu waschen, und finde mich draußen im Garten hinter dem Haus wieder, schmutzige Wäschestücke in der Hand. Wie bin ich dort hingekommen? Wie komme ich wieder zurück? Ich finde meinen Weg wieder, dazu die nasse Wäsche in der Waschmaschine und die getrockneten und zerknitterten Kleidungsstücke im Trockner. Wie lange liegen sie schon dort?

Mein Mann ruft an, um festzustellen, wie es mir geht. Ich versuche, ihn zu täuschen, und beende das Gespräch so schnell wie möglich. Aber aus dem, was ich sage, kann er schließen, daß dies ein schwarzer Tag ist, und er rät mir, daheim zu bleiben, nirgendwo hinzugehen (schön wär's!) und nichts zu tun, bis er nach Hause kommt. Er erkundigt sich, ob ich heute schon etwas gegessen habe. Ich weiß es nicht, bestätige es aber mit Nachdruck.

Er hakt nach: »Was hast du gegessen?« Ganz schön clever! Jetzt kann ich auch mein Täuschungsmanöver nicht mehr durchhalten. Ohne Vorwarnung fangen die Tränen zu laufen an, und ich ärgere mich darüber. Mein Mann wiederholt, daß ich bleiben soll, wo ich bin, und schließlich ist das Gespräch vorbei.

Wieder ruft jemand an, dieses Mal ein lebhaftes Wesen, das ich nicht einordnen kann, das mich jedoch sehr gut zu kennen scheint. Ich sage, daß ich auflegen muß und später zurückrufe. Alle weiteren Gespräche lasse ich über meinen Anrufbeantworter laufen und kehre in meine Einsamkeit zurück. Ich gehe auch nicht an die Tür, als es läutet.

Ich weiß, daß es immer Perioden geben wird, in denen mein mangelndes Selbstwertgefühl mir große Probleme bereiten wird. Trotzdem muß ich durchhalten und am Ball bleiben. Meine ersten Bemühungen, einen Verleger für dieses Manuskript zu finden, brachten mir die Antwort ein, daß die »Alzheimer-Krankheit als Thema für ein Buch nur auf begrenztes Interesse stoßen dürfte«. Nur auf begrenztes Interesse? Bei Millionen Betroffenen? Bei einer solchen Verbreitung der Krankheit heutzutage? Nur begrenztes Interesse! Da ich immer schon eine sehr leidenschaftliche Person war, hatte ich nicht die Absicht, diese Abfuhr mit Gelassenheit hinzunehmen.

Manchmal stelle ich mir seltsame Fragen. Wenn ich keine Frau mehr bin, warum fühle ich mich dann noch wie eine? Wenn das Festhalten keinen Sinn mehr hat, weshalb will ich es dann mit aller Gewalt? Wenn meine Sinne nichts mehr empfinden, warum genieße ich dann immer noch das Gefühl von Satin und Seide auf meiner Haut? Wenn ich nicht mehr sensibel bin, weshalb bringen bewegende Liedertexte Saiten in mir zum Klingen? Jedes einzelne Molekül in mir scheint in die Welt hinauszuschreien, daß ich existiere und daß diese Existenz für irgendeinen Menschen von Wert sein muß!

Wie soll ich den Rest dieser Reise ins Ungewisse überstehen, ohne einen Menschen zu haben, der mich durch dieses Labyrinth begleitet, ohne den Händedruck eines Mitreisenden, der mein Bedürfnis, etwas wert zu sein, wirklich versteht? Heute dürste ich geradezu nach Verständnis, nach zärtlicher Berührung und unbekümmertem Lachen.

Um mir zu helfen, indem ich anderen helfe, habe ich eine Selbsthilfegruppe für früh-diagnostizierte Alzheimer-Patienten gegründet – unter Schirmherrschaft der Alzheimer-Gesellschaft. Ich stellte nämlich irgendwann einmal fest, daß ich in Orlando nicht das einzige früh-diagnostizierte, früh-betroffene Opfer war, das von gegenseitiger Unterstützung profitieren konnte. Ganz gleich, wie liebevoll unsere Freunde und Familienangehörigen auch sind, WIR BRAUCHEN EINANDER – das heißt Menschen, die im selben Nebel herumtappen wie wir selbst. Selbsthilfegruppen für pflegende Angehörige gab es bereits, aber bis jetzt nicht für uns, »für das Volk«.

Mein Freund und Leidensgefährte, der Professor, gibt mir diese so sehr benötigte Unterstützung und Ermutigung. Zwischen uns kursiert der private Witz, daß wir es allmählich satt haben, an einer Krankheit zu leiden, die eher wie eine Biermarke als eine gesundheitliche Störung klingt. Mein Freund droht bereits, sich ein T-Shirt mit folgender Aufschrift anfertigen zu lassen: »Alzheimer – nicht immer, aber immer öfter!« Wir sind der Meinung, daß wir Besseres verdienen.

Eines Tages, als wir beim Kaffeetrinken waren, bemerkte ganz beiläufig ein anderer Leidensgefährte, daß wir ohne Groll die Tatsache akzeptieren müßten, daß es sich bei Alzheimer um eine unheilbare Krankheit handelt.

Ich starrte ihn schockiert an. Meinen Gesichtsausdruck falsch interpretierend, wiederholte er noch einmal, daß wir keinen Groll wegen unserer »unrettbaren Situation« hegen dürften. Ich wehrte mich gegen diese Ansicht und meinte, daß ich mich nie und nimmer als unheilbar krank betrachten würde. Einigen von uns gelingt es immerhin, jahrelang ein bestimmtes Niveau zu halten, bis wir schließlich – da auch wir nur sterblich sind – an einer ganz anderen Krankheit sterben, die nichts mit vorzeitiger Demenz zu tun hat.

»Tapferes Mädchen!« rief daraufhin mein Freund aufmunternd aus.

»Ich bin überhaupt nicht tapfer!« entgegnete ich. »In Wahrheit betrachte ich weder mich noch dich als unheilbar krank. Ich bin nur der Meinung, daß wir es mit einer chronischen«, meine Stimme brach, »und wahrscheinlich auch progressiven Krankheit zu tun haben.«

»Wahrscheinlich?«

»Es steht nirgendwo geschrieben, daß es wirklich so sein

muß!« rief ich. »Es muß nicht so sein! Es muß nicht unbedingt so sein!«

Sich gemeinsame Perspektiven zu erarbeiten, Ängste, Zuneigung, moralische Unterstützung miteinander zu teilen und ab und zu auch herzhaft miteinander zu lachen – das alles ist von unschätzbarem Wert. Andere Menschen, die nicht mit uns durch dieses Labyrinth wandern, können unsere mißliche Lage nicht verstehen. Da wir nach außen hin »normal« aussehen, sind andere oft überrascht, wenn wir uns auf vertrautem Gelände verirren. Da wir »nicht krank« erscheinen, rümpfen die Leute die Nase, wenn wir nicht mehr wissen, wie alt unsere Kinder sind oder wie sie heißen. Weil wir »normal« aussehen, reagieren Verkäufer gereizt auf uns, wenn wir in unseren Taschen wühlen und versuchen, das Geld für unseren Einkauf zusammenzukratzen. Weil wir »normal« aussehen, werden neugierige Blicke getauscht, wenn wir ein unpassendes oder eben erst erfundenes Wort in einen Satz einfügen.

Trotz meiner Ängste und Unsicherheiten hinsichtlich der Zukunft scheine ich mich bis jetzt recht gut gehalten zu haben. Erst kürzlich hat man von mir behauptet, daß ich »sehr mutig« und eine »unglaubliche Lady« sei. Ein Unbekannter schrieb mir sogar in Großbuchstaben, daß ich ein »TAPFERES WEIBSBILD« sei! Ich fühle mich weder mutig noch tapfer. Und was die Behauptung betrifft, ich sei eine »unglaubliche Lady«, da weiß ich nicht, ob die Betonung nun auf »unglaublich« oder »Lady« liegt. Auf jeden Fall fühle ich mich so großer Lobpreisungen nicht wert. Die meiste Zeit über fühle ich mich unsicher, verwirrt, verängstigt und habe das Gefühl, mich bis zum Äußersten zu verausgaben.

Doch ich habe noch meine Familie. Ich habe immer noch ein Heim. Ich habe immer noch meine kleinen Freuden, die das Leben lebenswert machen. Auch wenn es viele Tage gibt, an denen mir schmerzlich bewußt wird, daß heute bereits ein Stück weniger von mir vorhanden ist als noch am Tag zuvor, kann ich trotzdem sagen, daß ich noch da bin!

Diana McGowin existiert! Vielleicht wird eines Tages irgend jemand froh sein, daß es mich gab.

Ich bin ein gesegneter Mensch.

Epilog

von Diana McGowin
& Jack McGowin

Je stärker meine geistigen Fähigkeiten im Lauf der Zeit nachließen, desto wichtiger wurde meine Textverarbeitung für mich. Denn manchmal ließ mich meine Sprache im Stich, wenn der Gedankenstrom wieder einmal zu schnell für die Zunge oder auf zu vielen Bahnen gleichzeitig floß. Mein Personalcomputer hingegen verfügte über ein unfehlbares Gedächtnis und eine Rechtschreibkorrektur und half mir generell, mich in meinen Aufzeichnungen zurechtzufinden. Das Originalmanuskript dieses Buches war in meinem treuen Personalcomputer gespeichert und wurde, wenn notwendig, noch zusätzlich von anderen verbessert und redigiert.

Doch so nützlich er auch sein mag – dieser unbelebte »Personal-Begleiter« hat seine Grenzen. Nichts kann den Wert eines Freundes als Bezugsperson für den Patienten ersetzen. Ein guter Freund hilft mit, den Druck von der Familie zu nehmen, was bedeutet, dem Patienten eine nie versiegende Quelle von Trost und Zuspruch zu sein.

Trotz des heftigen Verdrängungsprozesses, der in mir tobte, setzte ich mich mit verschiedenen Organisationen in Verbindung, um eine Selbsthilfegruppe »für Leute wie mich« zu finden. Zu meinem großen Entsetzen fand ich jedoch keine. Der Grund dafür ist in erster Linie die Tatsache, daß früh-diagnostizierte Patienten normalerweise keine Hilfe von solchen Organisationen suchen; es sind meistens die pflegenden Angehörigen, die den ersten Kontakt herstellen, nachdem sich der Zustand des Patienten erheblich verschlechtert hat. Offensichtlich hatte niemand die Weitsicht, die Bedürfnisse von solchen Patienten vorauszusehen, die sich noch in den anfänglichen und frühen Stadien der Krankheit befinden und deren geistige und sonstige Fähigkeiten vielleicht niemals so weit abbauen werden, wie dies bei schwerer Betroffenen der Fall ist.

Also fing ich an, mich für die Gründung einer Selbsthilfegruppe von früh-diagnostizierten Alzheimer-Opfern einzusetzen. Unsere örtliche Zweigstelle der Alzheimer-Gesellschaft war äußerst kooperativ und ermutigte und unterstützte mich sehr. Man lud mich sogar ein, bei einer Vorstandssitzung zu sprechen. Einstimmig kam man anschließend zu dem Urteil, die Schirmherrschaft dieser Selbsthilfegruppe übernehmen zu wollen.

Mein Mann Jack nahm ebenfalls an dieser Vorstandssitzung teil, da er mich ja hin und wieder zurück fahren mußte. Das Ergebnis dieser Sitzung war, daß ich Jack zum ersten Mal sagen hörte, wie stolz er auf mich sei. Als der Vorsitzende mich für meinen Mut lobte, drehte ich mich überrascht und verwirrt zu meinem Mann um, der nur stumm, aber zustimmend nickte.

»Glaubst du auch, daß ich Mut habe?« fragte ich ihn.

»Ja«, erwiderte er.

Ich fühle mich aber gar nicht so mutig. Ich komme mir eher wie ein Kieselstein in einem reißenden Bach vor. Doch ich hoffe, daß dieser kleine Kieselstein eine Welle nach der anderen aussendet, bis diese sich so weit ausdehnen und schließlich an ein Ufer schlagen, wo gerade jemand wie ich gestrandet ist und sich allein fühlt.

Der Sinn und Zweck einer Selbsthilfegruppe liegt nicht in einer Therapie oder Behandlung, sondern darin, Bezugspersonen und Ansprechpartner zu finden, die gemeinsam mit uns über dieselbe Brücke gehen. Manche Brücken zu überqueren, kann nämlich sehr gefährlich sein, besonders dann, wenn Planken fehlen und der Reisende ganz genau aufpassen muß, wo er seine Füße hinsetzt. Deswegen harre ich zusammen mit anderen Patienten – mit »Leuten wie mir« – aus, biete meine moralische Unterstützung entweder an oder nehme sie mir selbst, wenn nötig, bis es zu einem Durchbruch in der Medizin kommt. Selbsthilfegruppen spielen eine wichtige Rolle, wenn es darum geht, die Würde des Patienten zu wahren; manchmal tragen sie sogar dazu bei, den Verlust der geistigen und sonstigen Fähigkeiten abzubremsen. Aber mit Sicherheit sind geteiltes Leid, Lachen und Hoffnung Balsam für die gequälte Seele.

Wie bei jeder anderen Krankheit auch, erlebt der Patient gute und schlechte Tage – und mit ihm seine Familie. Das Bedürfnis des Patienten nach Hilfe und moralischer Zuwendung nimmt im Lauf der Zeit immer stärker zu. In diesem Stadium kann ein Haustier ein liebevoller Begleiter für den Patienten sein. Da es immer loyal und liebevoll ist, nie kritisch, aber immer anerkennend, bringt so ein Haustier dem Patienten bedingungslose Liebe entgegen. Ich habe einen über alles geliebten und sehr lieben Mischlingsterrier an meiner Seite, dazu einen frechen Graupapagei, mit dem ich die lustigsten Zwiegespräche führe, wenn ich allein bin. Meine Familienangehörigen helfen mir, meine vierbeinigen und gefiederten Freunde zu pflegen und zu füttern.

Viele Patienten erreichen nie den Zustand völliger Invalidität. Die Gründe dafür, warum der eine Patient gleich so schwer erkrankt und so schnell verfällt, während bei einem anderen die Krankheit wesentlich harmloser und langsamer verläuft, sind immer noch nicht restlos erforscht. Im Augenblick scheint sich der Verlust meiner Fähigkeiten nicht in dem Maße und in der Geschwindigkeit zu entwickeln, wie dies am Anfang der Fall war. Ich scheine ein Niveau erreicht zu haben, das ich im Moment noch halten kann. Ich bete jedoch um einen langsameren Verfall und auch darum, daß die Forscher bald ein Wundermittel zur Heilung der Opfer dieser schrecklichen Krankheit entwickeln werden.

Ich habe mich freiwillig für die Teilnahme an Arzneimittelversuchen und anderen klinischen Testreihen gemeldet, bin bis jetzt aber noch nicht ausgewählt worden. Meine erste Anfrage, an einem freiwilligen Forschungsprogramm teilnehmen zu dürfen, wurde durch die Willkürlichkeit der Regeln vereitelt, aber ich bin weiter auf der Liste. Eine liebe Freundin hat mich vor einer Teilnahme an diesen Testreihen gewarnt, vor allem vor solchen, bei denen neue Medikamente ausprobiert werden. Trotzdem muß ich es einfach versuchen; jede weitere Verbesserung kann in der Zukunft für andere Opfer nur von Nutzen sein.

Mein Mann unterstützt meine Bemühungen in dieser Richtung, da er mein Bedürfnis nach Initiative und Unabhängigkeit versteht. Er war bisher immer so stark; ich hoffe, er steht mir auch weiter mit seinen herkulischen Kräften zur Seite, wenn meine Abhängigkeit von ihm größer wird. Auch er wünscht sich das sehr.

Im Augenblick nehme ich regelmäßig Vitamintabletten aus Schweden ein, um mein Gewebe zu verjüngen und so vielleicht den Abbau meiner Fähigkeiten zu verlangsamen. Die Vitamine sind nur ein weiteres Beispiel für meine zahllosen Bemühungen, nach jedem Strohhalm zu greifen; aber wenn ich diese Vitamine schlucke, habe ich wenigstens das Gefühl, »irgend etwas« zu tun. Vielleicht wirkt sich der Placebo-Effekt zu meinen Gunsten aus.

Mittlerweile bin ich an einem Punkt angelangt, an dem auch ich wieder das Gefühl habe, etwas wert zu sein. Es erscheint mir wieder gerechtfertigt, einen gewissen Raum zu beanspruchen. Da ich klein bin, brauche ich nicht viel Platz. Vielleicht wird eines Tages jemand froh darüber sein, daß ich es getan habe.

In einem Labyrinth wie dem meinen zu leben, kann sehr einsam und beängstigend sein. Doch mit Hilfe dieses Buches und meiner Selbsthilfegruppe habe ich den Mut und die persönliche Unterstützung gefunden, jeden Tag wieder von vorn anzufangen.

Nachwort

Es scheint mir fast unvorstellbar, daß bereits zwei Jahre vergangen sind, seit ich mit diesem Buch begonnen habe. Meine Therapeutin, Phyllis Dow, ermutigte mich damals, aus therapeutischen Zwecken ein Tagebuch zu führen, in dem ich minutiös meine Gedächtnisstörungen protokollierte. Später überredete sie mich dann, diese Aufzeichnungen zur Veröffentlichung freizugeben.

Ich hatte nie erwartet, daß sie tatsächlich von einem Verleger gekauft werden würden. Ich glaubte einfach nicht, daß die Welt schon reif sei für eine Alzheimer-Patientin, die den Mund aufmachte – geschweige denn für eine Patientin, die gar so respektlos daherredete! Selbst nachdem mein Buch einen Verleger gefunden hatte, rechnete ich mir keinen großen Erfolg aus. Ich nahm an, daß das Buch nur bei einer Handvoll Lesern innerhalb der Alzheimer-Gemeinde Beachtung finden würde. Doch die begeisterte und warmherzige Aufnahme durch eine Öffentlichkeit, sowohl hier als auch im Ausland und innerhalb der Alzheimer-Gemeinde, war überwältigend für mich. Ich bin immer noch tief bewegt.

Mit großem Stolz kann ich nun verkünden, daß die Selbst-hilfegruppe für Patienten, die an früh-einsetzendem oder in jungen Jahren beginnendem Alzheimer leiden, und die ich unter der Schirmherrschaft der Alzheimer-Gesellschaft ins Leben gerufen habe, bereits im ganzen Land Fuß gefaßt und vielen von der Krankheit Betroffenen geholfen hat.

Auf eine persönliche Einladung bin ich 1992 zu dem jährlichen Treffen der Nationalen Alzheimer-Gesellschaft gereist, um mich an die Repräsentanten von Ortsgruppen des ganzen Landes zu wenden. Während dieser Reise stand mir Mary Ellen Ort-Marvin, eine der Vorsitzenden unseres örtlichen Verbandes, hilfreich zur Seite, und (wie immer!) war ich in Begleitung von Dr. Richard Badessa, Professor im Ruhestand und »Mitreisender« auf unserem Weg über diese schwankende Brücke mit den fehlenden Planken, die unsere Krankheit darstellt. Nachdem ich ihn erst einmal von meinen Ansichten überzeugt hatte, war der liebe Richard mein treuer Mitstreiter und Wegbegleiter geworden, der mich bei allen meinen Bemühungen unterstützte und auch dann noch Vertrauen in mich hatte, wenn es mir längst abhanden gekommen war. Gemeinsam versuchten wir nun die Vertreter der Ortsgruppen davon zu überzeugen, wie wichtig es war, daß sich Menschen wie wir trafen und austauschten.

Ganz gleich, wie fürsorglich unsere pflegenden Angehörigen auch sein mögen, sie können sich einfach nicht vorstellen, wie tief der Schock über unsere Diagnose bei uns sitzt und wie schwer es uns fällt, damit umzugehen. Es bedarf schon eines Menschen in meiner Lage, um voll und ganz verstehen zu können, wie ich mich fühle, was ich denke und wieso. Unter uns Alzheimer-Fällen herrscht ein Corpsgeist und ein moralischer Zusammenhalt, von dem die Marines nur träumen können. Wir teilen unsere Erfahrungen, spenden uns gegenseitig Trost und genießen die heilende Wirkung gemeinsamen Lachens.

Ein Lachen ist ein ebenso wirksames Ventil, um Spannungen

abzubauen, wie ein Schrei ... aber sozial wesentlich akzeptabler.

Im Rahmen unserer Selbsthilfegruppen tauschen wir ständig Informationen über die neuesten Ergebnisse der Alzheimer-Forschung aus, und einige von uns nehmen sogar an Projekten dieser Art teil. So spielen wir bei der Lösung dieses Problems auch aktiv eine Rolle. Selbst wenn Fortschritte in der Medizin für einige von uns zu spät kommen mögen, haben wir möglicherweise dazu beigetragen, das Los derer, die nach uns kommen, zu verbessern.

Mein Stolz auf die bisher erreichten Dinge ist so groß, daß ich ihn kaum in Worte fassen kann ... und dabei bin ich eigentlich nicht auf den Mund gefallen.

Was mich jedoch wütend macht, ist die zögernde Haltung bestimmter Teile der medizinischen Gemeinde, die Nützlichkeit dessen anzuerkennen, was manche unserer Leidensgenossen für sich und andere vollbringen. Ein Arzt sagte mir einmal ins Gesicht, daß er sich noch nie zuvor mit einer Alzheimer-Patientin unterhalten habe, die über einen derartigen »Durchblick« verfüge. »Niemals!« betonte er. Daraufhin lud ich ihn ein, an einem unserer Gruppentreffen teilzunehmen, und versprach ihm, ihm noch mindestens elf ähnliche Patienten vorzustellen.

Es ist genau diese Haltung, die uns alle, bei denen Alzheimer diagnostiziert wurde, zur Verzweiflung treibt. Durch unseren Kampf, mittels mentaler Stimulationsübungen ein bestimmtes geistiges Niveau aufrechtzuerhalten (auch dieses Buch gehört dazu), werfen wir offensichtlich alle medizinischen Erkenntnisse über den Haufen. Haben wir auch noch Erfolg mit unseren Bemühungen, verunsichern wir zutiefst die medizinischen Profis, die sich weitaus wohler fühlen würden, wenn wir uns mit einem raschen Verfall abfänden, das ohnehin bereits zaghafte Festhalten an unseren kogniti-

152

ven Fähigkeiten noch weiter lockerten und in den Zustand völliger Verwirrtheit absänken. Dann – das ist uns klar – würden wir wieder in das »Raster« passen. Dann würden wir die »nicht betroffenen Experten« nicht noch weiter verunsichern, indem wir uns zu »betroffenen Experten« aufschwingen.

In dem Maße, in dem die diagnostischen Möglichkeiten der Nuklearmedizin weiter zunehmen, werden mehr Betroffene zu einem früheren Zeitpunkt der Krankheit diagnostiziert werden können. Es ist jedoch nur ein kleiner Trost für uns, daß wir täglich mehr werden; und dennoch – je mehr von uns sich tapfer nach vorn wagen und sich wieder vor den eigenen Karren spannen, desto stärker werden sich die allgemeine Öffentlichkeit und auch die medizinischen Fachleute an unseren »Durchblick« und an unsere Bereitschaft gewöhnen, unser Schicksal wieder in die eigene Hand zu nehmen.

Seit ich dieses Buch geschrieben habe, kann ich dankbar und zufrieden verkünden, daß sich auch meine Familie endlich mit einer Mom abgefunden hat, die nicht mehr so ganz funktioniert. Meine Kinder unterstützen in jeder Hinsicht meine Bemühungen und sind auch sehr stolz über meine Weigerung, die Hände in den Schoß zu legen und mich mit meinen neurologischen Macken abzufinden. Selbst mein Mann hat sich mittlerweile von seinem anfänglichen Schock erholt, etwas langsamer zwar als die Kinder, aber er hat Fortschritte gemacht. Obwohl er often zugibt, daß er immer noch davon träumt, eines Tages aufzuwachen und festzustellen, daß das alles nur ein schrecklicher Alptraum war, ist ihm die Realität unserer Situation doch klar bewußt. Als wir heirateten, wußte er nicht, daß »in guten wie in schlechten Tagen« auch die Alzheimer-Krankheit mit eingeschlossen war … aber ich wußte es auch nicht.

Mein Mann bringt mir mittlerweile nicht nur mehr Geduld und Verständnis entgegen als am Anfang, sondern gesteht mir inzwischen auch zu, mich ohne Einschränkungen so weit meiner Aufgabe zu widmen, wie mir möglich ist. Er stellt dabei nur eine Bedingung: Er will nicht auch noch in das grelle Scheinwerferlicht gezerrt werden, in dem ich als Folge meiner Krankheit plötzlich stehe, und wozu auch die Bücher beigetragen haben und meine Tätigkeit als Fürsprecherin für Alzheimer-Kranke, die versucht, weitere Forschungsgelder lockerzumachen oder eine günstigere Gesetzgebung auf nationaler und einzelstaatlicher Ebene zu erreichen – ganz zu schweigen von der Arbeit in meiner eigenen Selbsthilfegruppe. Mein Mann hat sich mittlerweile auch an die verzweifelten Anrufe frisch diagnostizierter Mitglieder unseres »Klubs« gewöhnt. Ihm ist durchaus klar, daß unser »Klub« ziemlich exklusiv ist ... so exklusiv, daß keiner hineinwill.

Doch den größten Schritt hat mein Mann getan, als er von sich aus anbot, ein Textverarbeitungsprogramm in meinem kleinen Computer zu installieren, das mir als Ersatz dienen sollte, wenn – oder falls – ich die Fähigkeit verlöre, mit der Außenwelt in Kontakt zu treten. Ich hüte ihn so eifersüchtig wie meinen Augapfel, diesen kleinen Freund und Computer, daß ich anfangs meinen Mann nur auf einem alten, abgehalfterten Gerät üben lassen wollte. Nichts durfte meinem »Freund«, dem Computer, passieren. Er ersetzt mir mein Gedächtnis. Er buchstabiert für mich. Er verbessert sogar meine Grammatik ... jedenfalls manchmal. Er sagt mir nie, daß ich schneller oder langsamer sprechen soll. Er läßt mir Zeit zum Überlegen und erlaubt mir Korrekturen.

Während ich dieses Buch noch einmal durchlese, angefangen bei den ersten Symptomen bis hin zur Diagnose und meiner anfänglichen Weigerung, diese zu glauben, wird mir klar, welche Fortschritte ich psychisch, wenn nicht gar intellektuell gemacht habe. *Living in the Labyrinth* ist aus einem so großen Schmerz heraus entstanden, wie ich ihn nie zuvor empfunden hatte, und dieser Schmerz springt mich immer stärker an, je weiter ich in meiner Lektüre fortschreite. Und trotzdem, das Leben ist dazu da, um gelebt und nicht, um geduldig ertragen zu werden. Und ich werde es leben.

Mit Hilfe der unermüdlichen Bemühungen meines Mannes um meinen Computer ist es mir gelungen, ein Tagebuch zu führen, das ich immer auch im Hinblick auf eine Bewältigung meiner Probleme geschrieben habe. Und wenn ich dieses Buch jetzt noch einmal durchlese, ruft es mir in Erinnerung, daß das Leben selbst mit der Alzheimer-Krankheit noch Spaß machen kann ... wenn man es nur anzupacken weiß.

Doch nicht alle meine Neuigkeiten sind positiver Natur. Ich habe zusätzliche Einbußen von Gehirnzellen zu verzeichnen, die sich vor allem im Bereich des Stirnhirns bemerkbar machen. Was sich darin zeigt, daß ich viel emotionaler und sehr viel impulsiver als früher reagiere: Gerüchten zufolge soll auch mein Urteilsvermögen manchmal ziemlich getrübt sein, und mein Geruchssinn sorgt hin und wieder für großen Wirbel. Einmal habe ich drei Tage das ganze Haus nach der Ursache eines unangenehmen Uringeruchs auf den Kopf gestellt. Um genauer zu sein, nach dem Gestank von Katzenpisse. Da ich keine Katze habe, habe ich voller Mißtrauen meinen lieben kleinen Terrier beäugt und immer wieder den Staubsaugerbeutel ausgewechselt, alles jedoch ohne Erfolg. Schließlich machte mein Mann mir unmißverständlich klar, daß im ganzen Haus kein solch stechender Geruch zu bemerken sei; es hatte also wieder einmal an meinem gestörten Geruchssinn gelegen.

Aber nicht alle diese neuen Verluste und Entwicklungen sind nur unangenehm. Manchmal bin ich nämlich als einziger Mensch in der Lage, den süßen Duft von nachtblühendem

Jasmin wahrzunehmen. Das ist dann mein ureigenes Privatvergnügen. Aber mir ist schon klar (da ich ja so viel »Durchblick« habe), daß dies auch ein Fortschreiten der Krankheit in meinem Körper bedeutet. Doch ich kann damit umgehen. Wissen Sie, wie nachtblühender Jasmin riecht? Kennen Sie diesen Genuß?

Alzheimer-Krankheit

Eine rätselhafte Form der Demenz, die bereits an jungen Menschen im Alter von achtundzwanzig Jahren zu beobachten ist, meistens aber erst in späteren Lebensjahren auftritt. Die genaue Krankheitsursache ist noch ungeklärt, die Forschung auf diesem Gebiet jedoch sehr intensiv. Endgültige Gewißheit kann nach dem augenblicklichen Stand der Forschung aber nur eine Autopsie des Gehirns nach dem Tod ergeben. Eine Wahrscheinlichkeitsdiagnose am lebenden Patienten erfolgt mittels bestimmter röntgenologischer Verfahren wie der Magnet-Resonanz-Tomographie (MRT) und dem SPECT-Test. Viele Neurologen stellen jedoch nur zögerlich eine Diagnose aufgrund dieser noch relativ neuen diagnostischen Verfahren. Man geht davon aus, daß mit einer Verfeinerung und Weiterentwicklung der Nuklearmedizin und ihrer Diagnosetechniken auch eine frühzeitigere Diagnose erfolgen kann und es folglich auch eine Behandlung der Alzheimer-Krankheit geben wird.

Chemisches Blutprofil

Blutuntersuchungen zur Feststellung des Mengenverhältnisses verschiedener chemischer Stoffe im Blut. Erfolgt häufig in Verbindung mit anderen Bluttests.

Computertomographie

Allgemein: Computergesteuerte Schichtaufnahmen des Körpers. Bei der *Szintigraphie mit radioisotopen Einlagen* wird dem Patienten eine harmlose Dosis eines radioaktiven Materials in eine Armvene injiziert, dessen Weg durch das Gehirn dann von elektronischen Abtastern verfolgt wird.

Demenz, Dementia

Neurologische Störung, die charakterisiert ist durch einen nicht rückbildungsfähigen Verlust erworbener intellektueller Fähigkeiten (»Verblödung«).
Die *Multiinfarkt-Demenz* tritt als Folge mehrerer kleinerer oder auch größerer Infarkte des Gefäßsystems beim Patienten auf.

EEG (Elektroenzephalographie)

Eine nichtinvasive Untersuchungsmethode, bei der der Patient in einem abgedunkelten Raum liegt. Dabei werden mittels einer Paste Elektroden in einem bestimmten Schema an seine Schädeldecke angelegt. Anschließend werden die ausgesandten elektrischen Impulse als Gehirnwellen aufgezeichnet.

Erbfaktoren

Bei familiär vererbten, früh einsetzenden Formen von Demenz können auch Erbfaktoren eine Rolle spielen.

Früh-diagnostizierte Patienten

Der Terminus bezieht sich darauf, daß die Diagnose bereits zu einem frühen Zeitpunkt des Krankheitsverlaufs erfolgt, unabhängig vom Alter des Patienten.

Früh-betroffene Patienten

Dieser Terminus bezieht sich auf Patienten, bei denen die Krankheit bereits im Alter von achtundzwanzig bis zweiundsechzig Jahren vorzeitig einsetzt.

Lumbalpunktion (Rückenmarkpunktion)

Diagnostisches Verfahren, bei dem Rückenmarkflüssigkeit aus dem unteren Wirbelsäulenbereich des Patienten entnommen und auf Substanzen untersucht wird, die auf eine normalerweise behandelbare neurologisch-chemische Funktionsstörung hindeuten.

MRT (Magnet-Resonanz-Tomographie)

Eine nichtinvasive Technik zur Darstellung des Gehirns, die einen gründlichen Einblick sowohl in die weiße als auch in die graue Gehirnsubstanz erlaubt. Die dabei entstehenden Schichtaufnahmen erlauben dem Neurologen eine noch eingehendere Untersuchung und Analyse.

SPECT-Gehirnscanning

Eine Untersuchungsmethode zur Feststellung von seltenen Isotopen im Gehirn, die auf die Alzheimer-Erkrankung hinweisen.

TIA (Transitorisch-ischämische Attacke)

Minder schwerer Schlaganfall, der manchmal auf Hypertonie zurückzuführen ist, aber nicht unbedingt mit Bluthochdruck in Verbindung stehen muß. Eine gewisse Anzahl dieser Attacken kann zu einer Zerstörung bestimmter Gehirnareale führen. Der Grund dafür liegt in der unterbrochenen Blutversorgung des betreffenden Gehirnareals, was wiederum dazu führt, daß das zerstörte Gewebe seinen neurologischen Funktionen nicht mehr nachkommen kann.

Living in the Labyrinth ist der Erfahrungsbericht einer Frau, die in ihren Aufzeichnungen von den frühen Stadien einer Krankheit berichtet, die unter Klinikern als Demenz bekannt ist. Ärzten, Verwandten und Freunden stellt sich das Krankheitsbild der Demenz (geistiger Abbau) als ein fortschreitender Verlust des Erinnerungsvermögens, anderer intellektueller Fähigkeiten und der Persönlichkeit dar. Diese klinischen Merkmale der Alzheimer-Krankheit und anderer Demenzformen treten als Folge der Degeneration und des Absterbens von Gehirnzellen auf. In späteren Lebensjahrzehnten ist das Auftreten von Demenz durchaus normal und betrifft ungefähr vier Millionen Amerikaner, während es ziemlich ungewöhnlich ist in einem Alter, in dem sich bei Diana McGowin die ersten Symptome zeigten.

Als Ursache der Demenz ist die Alzheimer-Krankheit die häufigste, gefolgt von Multiinfarkt-Demenzen, die auf eine Erkrankung der Gefäße, des Herzens und/oder auf Bluthochdruck zurückzuführen sind. Diese Risikofaktoren bei der Entstehung von Multiinfarkt-Demenzen sind allseits bekannt, doch in der Mehrzahl der Alzheimer-Fälle kennen wir weder deren Ursachen noch eine wirkungsvolle Behandlungsmethode. Einer Alzheimer-Diagnose geht immer erst ein Ausschluß möglicher anderer Krankheitsursachen voraus, und sie geht immer von der Annahme aus, daß es zu einem allgemeinen und progressiven Verfall des Erkrankten kommen wird. Das hilft zwar, die Krankheit zu klassifizieren, nicht aber, sie zu erklären; die Ursache der Alzheimer-bedingten degenerativen Hirnschädigung ist – mit Ausnahme von relativ wenigen Fällen – noch ungeklärt.

Das Demenzsyndrom trifft vor allem ältere Menschen, und das zu einer Phase im Leben, in der sie gerade am meisten auf ihre geistigen Fähigkeiten angewiesen wären, um mit den neuen Herausforderungen fertig zu werden, die der Ruhestand mit sich bringt. Jüngere Menschen hingegen sind weitaus seltener von dieser Krankheit betroffen, aber die Folgen für das Opfer und seine Familie sind im allgemeinen ebenso katastrophal. In erster Linie werden Beruf, Beziehungen und psychische Verfassung von der Verschlechterung des Gesundheitszustandes in Mitleidenschaft gezogen, während gleichzeitig die Fähigkeit zu logischem Denken und zur Kommunikation immer weiter abnimmt. Gerade in der jüngeren Altersgruppe sind die Auswirkungen auf diese Lebensbereiche oft dramatisch. Eine vorzeitige Beendigung des aktiven Berufslebens, zerrüttete Ehen oder gar Scheidung, Depression und Angstzustände sind allgemeine Begleiterscheinungen. Wie im Buch beschrieben, hatte auch Diana mit diesen Problemen zu kämpfen, aber ihre Reaktion darauf ist vielleicht insofern atypisch, weil sie fähig dazu ist, zu durchschauen, was mit ihr geschieht, und sie sich hartnäckig weigert, sich von der Krankheit unterkriegen zu lassen.

Die ersten Anzeichen einer Alzheimer-Erkrankung – man vergißt seine Einkaufslisten oder noch nicht lange zurückliegende Besuche – sind Symptome, die häufig auftreten und oft bereits von Familienangehörigen bemerkt werden. Probleme mit der zeitlichen oder räumlichen Orientierung oder dem Wiedererkennen von Personen sind weitere Frühsymptome. In ihrem Kapitel »Unfreiwilliger Aufbruch« schildert Diana ihre Schwierigkeiten mit der räumlichen Orientierung, denen eine Phase der Verwirrung, Benommenheit, des Stolperns und Hinfallens (Synkope) und auch einer verwischten Sprache vorausgegangen war; Symptome, die auch charakteristisch sind für eine transitorisch-ischämische Attacke (TIA). Transitorisch-ischämische Attacken, die auf eine vorübergehende Durchblutungsstörung des Gehirns zurückzuführen sind, werden ziemlich häufig mit Multiinfarkt-Demenzen in Verbindung gebracht, nicht aber mit der Alzheimer-Krankheit.

Später, in »Erste Untersuchungen«, beschreibt Diana ihr Unvermögen, einen nahen Verwandten zu erkennen. Das ist nur eine von einer Vielzahl möglicher Störungen des Erkennens (Agnosie), die den vom geistigen Abbau betroffenen Patienten heimsuchen. Ein Phänomen, das bei einer Alzheimer-Erkrankung nicht oft reversibel ist. Normalerweise tritt mit fortschreitendem allgemeinen Abbau auch ein Verlust der sprachlichen Fähigkeiten auf, Wörter in der richtigen Weise zu benutzen, beziehungsweise das gesprochene oder geschriebene Wort richtig zu verstehen. Diese Einschränkungen in der Kommunikationsfähigkeit rufen beim Patienten natürlich große Frustration hervor, die sich als verbale oder auch physische Aggression äußern kann. Im späteren Verlauf der Alzheimer-Krankheit kommen zusätzlich Probleme mit der Koordination der körperlichen Bewegungsabläufe hinzu, und der Patient ist in zunehmendem Maße ans Bett gefesselt. In diesem Stadium sind Herzattacken, Schlaganfälle und der Parkinson-Krankheit ähnliche Bewegungsmuster häufig. Der Tod tritt normalerweise als Komplikation der erzwungenen Immobilität auf und ist oft auch eine Erlösung für die pflegenden Angehörigen, da in diesem Stadium der Mensch, den sie einmal gekannt haben, nicht mehr zu erkennen ist. Das Endstadium der Alzheimer-Krankheit ist nach ungefähr acht Jahren erreicht, obwohl die Dauer dieses Prozesses von Patient zu Patient sehr variieren kann. In den frühen Stadien der Demenzerkrankungen (vor allem der Alzheimer-Krankheit) ist häufig zu beobachten, daß der Patient gnädigerweise die Einsicht in seinen Zustand verliert und in tiefere Schichten der Krankheit hinübergleitet, ohne sich seiner geistigen Verfassung je wieder bewußt zu werden. Es gibt jedoch auch andere Krankheitsverläufe, bei denen der Patient weiter über eine eingeschränkte Selbsterkenntnis verfügt. Diana McGowin gehört ganz eindeutig zur letzteren Gruppe und hat uns mit alarmierender Einsicht einen Einblick in ihr Leid gegeben, eine lebhafte Schilderung ihres Lebens mit einer Krankheit, die den Intellekt und die Persönlichkeit langsam unterhöhlt und schließlich völlig auslöscht. Als Leser begleiten wir sie durch die verschiedenen Stadien des langsamen Begreifens der frühen Symptome, des diagnostischen Prozesses und der Auswirkungen der kognitiven Probleme auf ihren Alltag.

Die Diagnose der Alzheimer-Krankheit wird unter Ausschluß aller anderen Ursachen von Demenz gestellt. Gegenwärtig ist noch keine effektive Behandlungsmethode dieser Krankheit bekannt, so daß der Identifizierung anderer Demenz-Ursachen eine Schlüsselrolle zukommt, da viele von ihnen identifizierbare und behandelbare Ursachen haben. Der Multiinfarkt-Demenz zum Beispiel werden eine Vielzahl von Faktoren zugeordnet, auf die man Einfluß nehmen kann, wie Arteriosklerose, Bluthochdruck und Herzkrankheiten. Durch Kontrolle und Beherrschung dieser der eigentlichen Krankheit zugrundeliegenden Fehlfunktionen hat man die Möglichkeit, ein Fortschreiten der Multiinfarkt-Demenz aufzuhalten. Eine andere häufige Ursache von Demenz ist der Alkohol, und im Verlauf der klinischen Untersuchungen wird genauestens überprüft, ob Hinweise auf eine Alkoholikerkarriere oder sonstigen Alkoholmißbrauch vorliegen. Tumore, hormonelle Anomalien, Vitaminmangel und noch viele andere Prozesse können ebenfalls zu Demenz führen, doch treten diese viel seltener auf als von der Alzheimer-Erkrankung ausgelöste Formen.

Im Augenblick gibt es noch kein ausschließliches Testverfahren, mit dem sich eine eindeutige Diagnose stellen ließe; die gebräuchlichen Tests werden eher als diagnostische Hilfsmittel zur Bestätigung klinischer Fachurteile eingesetzt. An erster Stelle der Diagnose steht deshalb immer eine ausführliche klinische Anamnese des Gesamtzustandes, wobei auch immer eine allgemeine Untersuchung erfolgt. Die klinische Untersuchung der Demenz beginnt mit einer detaillierten Schilderung der Entwicklungsgeschichte der Krankheit durch den Patienten (die oft nicht sehr zuverlässig ist), durch Angehörige oder Pfleger; normalerweise läßt man sich die Krankengeschichte von allen Beteiligten schildern. Notizen von Ärzten und Pflegern helfen dabei, das Auftauchen der ersten Anzeichen und Symptome zu datieren, bei denen es sich meistens um Störungen des Kurzzeitgedächtnisses handelt.

(In dem Zusammenhang ist mir vor allem eine Patientin in Erinnerung geblieben, die vergessen hatte, ihren Gasherd abzuschalten, worauf ein Feuer in ihrem Haus ausbrach, das glücklicherweise jedoch von dem Wasser wieder gelöscht wurde, das von oben durch die Decke tropfte, wo die Patientin vergessen hatte, einen Wasserhahn zuzudrehen.)

Ebenso wichtig ist ein detailliertes Wissen bezüglich Stimmungsschwankungen und Persönlichkeitsveränderungen des Patienten; einige Fälle von schweren Depressionen tarnen sich nämlich als Demenz, doch können (was nicht überraschend ist) Depressionen und andere Angstzustände ebenso häufige Begleiterscheinungen von frühen Stadien intellektuellen Verfalls sein. So werden häufig Untersuchungen am Krankenbett hinsichtlich Orientierung, Aufmerksamkeit und Konzentrationsfähigkeit des Patienten durchgeführt, um den Ärzten ein Gespür für etwaige ernsthafte intellektuelle Probleme zu geben; darüber hinaus sind oft noch zusätzliche Untersuchungen durch einen Psychologen notwendig, vor allem im Frühstadium der Krankheit.

Eine Reihe von routinemäßigen Bluttests sind hilfreich beim Ausschluß von Demenzerkrankungen aufgrund anderer, seltener Ursachen. Verfahren wie die Elektroenzephalographie (EEG) und Computertomographien (CT) werden generell zur Bestätigung der Anamneseresultate herangezogen. Im Normalfall reichen diese Computer- oder Magnetresonanztomographien (MRT) aus, um eine Demenzdiagnose zu bestätigen, geben darüber hinaus zusätzliche Informationen über die Lokalisierung der degenerativen Veränderung von Gehirngewebe und liefern so einen wichtigen Hinweis auf deren Ursache. Die Alzheimer-Krankheit zum Beispiel hat die Tendenz, in einem bestimmten Areal des Gehirns zu beginnen und sich anschließend auf charakteristische Weise durch die Kortexschichten (d. h. äußeren Schichten) des Gehirns auszubreiten. Im Gegensatz dazu ergibt sich im Fall der Multiinfarkt-Demenz bei einer Computertomographie oft ein stark lokalisiertes, d. h. begrenztes Krankheitsfeld.

Eine Alzheimer-Diagnose wird bei uns immer nur in Übereinstimmung mit landesweit gültigen Kriterien gestellt. In Anbetracht der Schwierigkeiten, überhaupt eine aussagekräftige Diagnose zu stellen, und der hauptsächlich pathologischen Natur dieser Diagnose, wird die Krankheit in drei Kategorien eingeteilt: mögliche, wahrscheinliche und definitive Alzheimer-Erkrankung. Letztere Diagnose kann nur mittels Autopsie erfolgen; erfahrene Mediziner sind jedoch in der Lage, anhand oben genannter Kriterien mit einer bis zu fünfundneunzigprozentigen Wahrscheinlichkeit eine positive Diagnose zu stellen.

Viele der Probleme im diagnostischen Prozeß werden auch in Dianes Fall beleuchtet. Vor allem der nicht ungewöhnliche Fall einer Doppeldiagnose von Multiinfarkt-Demenz *und* Alzheimer ist besonders schwer zu erklären. Ein stufenweiser Verfall der geistigen Fähigkeiten gilt als Erkennungsmerkmal für Multiinfarkt-Demenz, dagegen ist ein schleichender und langsamer Abbauprozeß (ohne vorhergegangene Schlaganfälle) charakteristisch für die Alzheimer-Krankheit. Doch trotz dieser klinischen Richtlinien kommt es immer wieder zu der Fehldiagnose von Alzheimer *und* Multiinfarkt-Demenz. Selbstverständlich müssen wir hinsichtlich der Verwandtschaft und Entstehungsgeschichte dieser verbreiteten Störungen noch viel dazulernen. Zum Glück befassen sich heutzutage viele renommierte Forschungsinstitute mit diesen Themen und beziehen als Grundlage für eine endgültige Diagnose sowohl klinische Erfahrung als auch neue Scanning-Methoden und psychometrische Techniken mit ein.

Bis jetzt gibt es keine anerkannte medikamentöse Behandlung, die den Prozeß der Alzheimer-Erkrankung aufhalten könnte, wenn dieser erst einmal eingesetzt hat. Einige der gegenwärtig in der Forschung erprobten Medikamente sind zwar in der Lage, in einigen Fällen die Symptome etwas zu mildern. Die Wirksamkeit solcher Mittel wird immer noch ausgewertet, aber es ist sehr unwahrscheinlich, daß sie den zugrundeliegenden degenerativen Prozeß jemals umkehren oder gar stoppen könnten.

Doch was ist dann die Ursache dafür, daß Gehirnzellen absterben? Das ist das Rätsel der Alzheimer-Krankheit, mit dessen Lösung sich viele internationale Wissenschaftler befassen, in der Annahme, daß die Entdeckung der Ursache der Krankheit auch zu deren Heilung führen wird. Eine besondere Variante dieses Rätsels, die wir zu schätzen gelernt haben, ist die Tatsache, daß nicht alle Alzheimer-Formen dieselbe Ursache haben. Meine Kollegen haben eindeutig genetische Ursachen der Krankheit feststellen können. Doch ehe ich im Detail auf diese Forschungsergebnisse und deren Auswirkungen eingehe, möchte ich zur Klärung noch vorausschicken, daß die Anzahl der Alzheimer-Fälle, die auf einen simplen genetischen Irrtum zurückzuführen sind, sehr gering ist und daß die Ursache bei der Mehrzahl der spät einsetzenden Erkrankungen immer noch nicht bekannt ist.

Für unser Verständnis dieser Krankheit haben vor allem die früh-einsetzenden Alzheimer-Fälle eine Schlüsselrolle gespielt. Diese familiär vererbten, früh-einsetzenden Formen der Krankheit sind auf Fehler im genetischen Bauplan zurückzuführen, die mit einer fünfzigprozentigen Wahrscheinlichkeit von den Betroffenen auf ihre Kinder übertragen werden. Die erste und einzige uns gegenwärtig bekannte Ursache der Alzheimer-Erkrankung stellte sich als genetischer Irrtum innerhalb eines Gens dar, das die Verschlüsselung eines Proteins, des sogenannten Amyloids, trägt. Dieses Amyloid war den Alzheimer-Forschern schon lange als die Ablagerung bekannt, die im Gehirn aller Erkrankten anzutreffen ist. Was jedoch nicht bekannt war, war die Antwort auf die Frage, ob diese Amyloid-Ablagerung nun eine Ursache oder eine Folge der Krankheit waren. Die Entdeckung genetischer »Druckfehler« in einem Gen zeigte aber eindeutig, daß dieses Amyloid die einzige Ursache bei diesen seltenen, früh-einsetzenden familiären Fällen war. Diese Entdeckung rückt folglich das Amyloid in das Zentrum der Forschung nach den Ursachen *aller* Alzheimer-Formen. Auch wenn eine eindeutige Beantwortung der Frage nach der Rolle des Amyloid im Fall von spät einsetzender Alzheimer-Erkrankung noch aussteht, ist jetzt schon klar, daß Patienten, die unter der früh-einsetzenden Form leiden und sich freiwillig als Testpersonen für die diesbezügliche genetische Forschung zur Verfügung stellten, einen sehr wichtigen Beitrag dazu leisteten.

Diana, die im Verlauf ihrer Nachforschungen entdeckt, daß auch ihre Mutter an einem früh-einsetzenden intellektuellen Verfall gelitten hatte (»Freunde für alle Jahreszeiten«), ist zu einer engagierten Befürworterin der Forschung auf diesem Gebiet geworden und nimmt freiwillig an solchen Testreihen teil. Durch diesen persönlichen Beitrag lernen die Opfer dieser Krankheit und ihre Familien und Freunde nicht nur mehr über die Natur dieser Erkrankungen (ein zweischneidiges Schwert), sondern verhelfen uns mit ihren kritischen Beiträgen auch zu einem tieferen Verständnis dieser Krankheitsformen. Außerdem trägt der Einsatz dieser Menschen direkt zur Herausbildung vernünftiger Therapieformen bei. Dieser Aspekt wird zwar nur selten hervorgehoben, ist aber das vielleicht wichtigste Resultat genetischer Forschung. Durch Übertragung der Mutationen (Veränderungen des Erbgutes) auf Zellkulturen (oder Versuchstiere) gelingt es, charakteristische Frühformen des Krankheitsverlaufs im Labor zu reproduzieren. Eine unmittelbare Folge solcher Testsysteme ist ihr rascher Einsatz bei der Erkennung möglicher therapeutischer Kombinationen, wie es bei einer erst kürzlich in Schweden entdeckten genetischen Mutation (Auslöser der Alzheimer-Krankheit) bereits der Fall ist.

Die Veränderung des Erbgutes ruft in den Zellen eine Überproduktion von Amyloid hervor. Bei den Krankheitsopfern, die diese Mutation geerbt haben, wird die ganze Skala klinischer und neuropathologischer Symptome der Krankheit von diesem genetischen Defekt innerhalb des Beta-Amyloid verursacht. Eine künstlich erzeugte Nervenzelle, die diese Mutation trägt, wird nun von sich aus mit der Reproduktion des gesamten Krankheitsprozesses beginnen. Das ist der erste Schritt in die richtige Richtung, und ein großer Arzneimittelhersteller bedient sich dieser Methode bereits zur Entwicklung möglicher Mittel, die die frühen Stadien der Krankheit verhindern sollen, die in diesen Zellen nachgeahmt werden.

Bei der Lektüre dieser selten persönlich gehaltenen Schilderung des Verlustes intellektueller Fähigkeiten sind wir als Leser nicht nur von deren Emotionalität – von der Angst, der Scham und dem Schmerz – beeindruckt, sondern auch von dem Witz und der durchdringenden Erkenntnis, mit denen Diana ihr Schicksal trägt. Trotz der irrationalen Vorgänge, die ihr zu schaffen machen, engagiert sie sich weiter ernsthaft für die Forschung. Diana ist mit Recht der Ansicht, daß nur eine akribisch genaue Anwendung der wissenschaftlichen Methode Verständnis für ihren Zustand wecken und eine Behandlung ihres Leidens erzielen kann. Das geschieht natürlich nicht immer so schnell, wie wir gerne hätten. Doch es kann kein Zweifel daran bestehen, daß dieser Prozeß nur beschleunigt wird, wenn Opfer, wie Diana, freiwillig an Forschungsprogrammen teilnehmen.

Zum Schluß sollte noch angemerkt werden, daß Dianas ausgeprägte Fähigkeit zur Einsicht in ihre geistige Verfassung uncharakteristisch für die Alzheimer-Krankheit ist, da eben diese Fähigkeit zur Selbsterkenntnis oft schon in frühen Stadien eingebüßt wird. Es war gerade die Bewahrung dieser mentalen Fähigkeiten, die so ein Buch erst ermöglicht haben. Diese Unterschiede im klinischen Krankheitsbild und die Schwierigkeiten in der Diagnosestellung sollten unsere Aufmerksamkeit verstärkt auf solche Selbsthilfegruppen richten, deren Mitglieder von der Alzheimer-Krankheit und verwandten Störungen betroffen sind, damit auch jene Menschen Unterstützung bekommen, die nicht sofort in das diagnostische Raster passen, dennoch aber ebenso große Hilfe brauchen und verdienen, wie dies bei leichter erkennbaren Krankheitsopfern der Fall ist.

Wer braucht sonst noch Unterstützung? Nun, ganz sicher die Freunde, Verwandten und pflegenden Angehörigen. Zeuge des Hinscheidens eines geliebten Menschens zu werden, ist verständlicherweise schwer. Die Schritte vom ersten Erfahren bis hin zum Begreifen und Akzeptieren der Diagnose, die Periode der Selbsterziehung und der Suche nach Behandlungsmöglichkeiten sind charakteristische Phasen, die alle Pflegepersonen durchlaufen. Unterstützung von außen und fundierter Rat sind lebenswichtig, um diese Phasen so gut wie möglich zu überstehen. Vielleicht kann dieses Buch dazu beitragen, den Pflegenden die Frustrationen und die Angst des Demenzopfers begreiflich zu machen, die oft nur noch mit ihren eigenen Ängsten zu vergleichen sind.

Diana schildert in ihrem Buch auch viele der sonst unausgesprochen bleibenden Themen im Zusammenhang mit einer Demenzerkrankung. So werden Veränderungen im sexuellen Verhalten und in den häuslichen Beziehungen – auf die normalerweise nie eingegangen wird – explizit angesprochen. Dem Kranken eine Umgebung zu schaffen, in der diese zwar delikaten, aber zutiefst menschlichen Bereiche diskutiert werden können, sollte ein wichtiges Ziel sein, das uns darüber hinaus auch dabei helfen wird, diese Krankheitsgruppen besser als Forschungsobjekte zu verstehen, um so die dringend benötigten Behandlungsmethoden zu entwickeln.

Dr. med. Michael Mullan
University of South Florida,
April 1993

Warnsymptome
bei früh-einsetzender
Alzheimer-Krankheit

Der früh-betroffene Patient steht häufig noch aktiv im Berufsleben, kommt seinen familiären und sozialen Verpflichtungen nach, pflegt seine Hobbys und übt seine Religion aus, wenn seine Aktivitäten plötzlich abrupt unterbrochen werden. Einige Patienten bauen schneller ab als andere; einige halten sich jahrelang auf einem Niveau, oft bis zu zehn Jahren, ehe sich ihr Zustand weiter verschlechtert oder sie an einer Krankheit sterben, die in keinem ursächlichen Zusammenhang mit der Alzheimer-Krankheit steht. Dieser Anhang führt die häufigsten Symptome auf, die jedoch nicht bei allen Patienten auftreten müssen.

Sollten Sie anhand dieser Liste Symptome an sich selbst erkennen, dann sollten Sie sich sofort einer vollständigen und gründlichen ärztlichen Untersuchung unterziehen. Denn viele andere behandel- und heilbare Krankheiten erzeugen ähnliche Symptome wie die Alzheimer-Krankheit.

Checkliste

– Sie sind ungewöhnlich verwirrt und Ihr Kurzzeitgedächtnis läßt nach, ähnlich einem vorübergehenden, harmlosen »Aussetzer«. Morgen fällt Ihnen die Information dann schon wieder ein, doch nicht heute, wenn Sie sie brauchen.

- Sie verlaufen oder verfahren sich in eigentlich vertrauter Umgebung, und sei es nur kurzzeitig. Jeder kann mal seine Hausschlüssel verlieren, doch wenn Sie Ihre Hausschlüssel in der Hand haben, aber das dazugehörige Haus nicht mehr finden, dann sitzen Sie wirklich in der Tinte.
- Ihr persönliches »Leitsystem« kommt Ihnen abhanden. Die Namen von Menschen, die Sie sehr gut kennen, oder sogar von Familienangehörigen wollen Ihnen einfach nicht mehr einfallen.
- Ihre berufliche Leistungsfähigkeit läßt dramatisch nach, was zu großer Anspannung, Angstzuständen und Depression führt. Alles scheint Ihnen über den Kopf zu wachsen.
- Im normalen Gespräch fällt Ihnen plötzlich mitten im Satz ein Schlüsselwort nicht mehr ein. Sie improvisieren und ersetzen das Wort durch einen anderen Ausdruck, der jedoch nicht immer ganz passend ist.
- Sie haben immer Notizzettel bei sich, um überhaupt noch die simpelsten Routineaufgaben erledigen zu können.
- Ihr Benehmen wird immer verhuschter, und Sie verbergen sorgfältig jeden Hinweis auf Ihre Erinnerungslücken oder Ihre Probleme mit der räumlichen Orientierung.
- Sie scheinen ständig auf der Suche nach einem verlorenen Gegenstand zu sein.
Manchmal ist ein Gewichtsverlust zu beobachten, ebenso Anfälle von Schlaflosigkeit.
- In Ihrem sexuellen Verhalten sind plötzliche Veränderungen festzustellen; normalerweise verstärkt sich der Trieb. Einige männliche Patienten leiden jedoch auch unter Impotenz.
- Ihr räumliches Empfinden ist beeinträchtigt; es kommt gehäuft zu Unfällen oder anderen Ungeschicklichkeiten.

- Ihre sprachliche Ausdrucksform ist eventuell etwas »deftiger« als früher, und aufgrund plötzlich mangelnder Umgangsformen wählen Sie der Situation unangemessene Kleidung oder benehmen sich daneben.

Ratschläge
für Pflegepersonen

Ich war tief gerührt von der Liebe und Zuneigung, die mir mein Mann, meine Familie und meine Freunde in den vergangenen Monaten gezeigt haben. Die wichtigste Pflege, die ein Familienangehöriger einem Patienten geben kann, besteht in einer *gleichmäßigen* Gabe von Liebe und Rückhalt. Nicht nur eine pflichtschuldige »Wird-schon-werden«-Haltung ist gefordert, auch nicht, daß man den Patienten in seiner negativen Einstellung gar noch bestärkt oder ihn noch weiter schwächt, indem man ihn unnötig mit seinen Defiziten konfrontiert. Eine von Herzen kommende, trostspendende und aufmunternde Anteilnahme ist hier gefragt.

Aber man müßte schon gottähnlich sein, um immer mit Sicherheit zu wissen, wann man nun fest und wann nachgiebig sein muß, wenn man etwas sagen oder besser den Mund halten soll, wann der Patient Halt und Trost benötigt und wann Einsamkeit und kontemplative Ruhe vorzuziehen sind. Da auch Sie bestimmt nicht über diese Eigenschaft verfügen, empfehle ich Ihnen, die Augen zum Himmel zu schlagen und um göttlichen Ratschlag zu bitten. Der Patient tut das auch – immer.

Nachfolgend eine Reihe von Vorschlägen, die helfen sollen, Patienten und pflegenden Angehörigen das Leben zu erleichtern:

- Auch wenn es nicht immer leicht sein wird, versuchen Sie, den Patienten mit Liebe, Ablenkung und Aufmunterung zu überschütten. Für jede freundliche Geste – und sei sie noch so klein – wird man Ihnen von Herzen dankbar sein. In dem Maße, in dem ein gedankenloses oder ärgerliches Wort verletzend wirken kann, in dem Maße können Güte und Freundlichkeit eine heilsame Wirkung haben. Je stärker die Unsicherheit des Patienten zunimmt, desto sensibler und empfindlicher reagiert er auf andere, entwickelt aber auch eine immense Dankbarkeit.

- Wann immer die Last, die die Krankheit des Patienten für Sie beide bedeutet, Sie allzu erschöpft oder in Verlegenheit bringt, versuchen Sie bitte zu verstehen (Sie sind schließlich der, der noch »denken« kann), wie groß die Demütigung für denjenigen sein muß, der diesen ungewollten und unverdienten Weg entlanggeht.

- Tun Sie alles, damit der Patient sich weiter für seine Hobbys interessiert; überwachen Sie deren Ausführung, falls nötig. Auch sollte der Patient solange wie möglich Bücher lesen und erst dann damit aufhören, wenn es wirklich nicht mehr geht – selbst wenn er sich nicht immer merken kann, was er gelesen hat; auch Audio-Kassetten haben sich in diesem Fall sehr bewährt und sind in den meisten Büchereien erhältlich. Im Gegensatz zu den visuellen Fähigkeiten, die bei vielen Patienten relativ schnell verlorengehen, läßt das Gehör weitaus langsamer nach.

- Sobald Sie sich einmal auf den Zustand Ihres kranken Familienmitglieds eingestellt haben, kann es sehr hilfreich sein, sich mit dem Anwalt Ihrer Familie zu beraten. Sowohl zum Schutz des Patienten als auch dessen Familie sollten entsprechende Vollmachten vorbereitet und Vormundschaftsregelungen getroffen werden. Diese Dokumente werden am besten zu einem Zeitpunkt aufgesetzt, wenn der Patient noch in der Lage ist, den Zweck dieser Papiere zu begreifen und an ihrer Ausarbeitung mitzuwirken.

– Haben Sie immer ein gutes Foto neueren Datums des Patienten zur Hand. Für den Fall, daß er sich einmal verirrt oder von zu Hause wegläuft, kann dieses Foto helfen, ihn wiederzufinden.

– Der Patient sollte nie ohne Begleitung per Bus oder Bahn reisen. Busse und Züge halten sehr oft an, und ein verwirrter Patient kann leicht an der falschen Haltestelle oder am falschen Bahnhof aussteigen. Reisen per Flugzeug sind eher möglich, aber Sie sollten immer einen Nonstopflug buchen. Dabei ist darauf zu achten, daß es wirklich zu keiner Zwischenlandung kommt, da dies den Patienten nur verwirren und zum Aussteigen veranlassen könnte. Es muß also unbedingt ein Nonstopflug sein. Sorgen Sie dafür, daß der Patient einen Zettel mit seinem Namen, Bestimmungsort und einer Telefonnummer bei sich trägt. Begleiten Sie ihn zum Flugsteig und arrangieren Sie alles, damit er am Zielflughafen auch zuverlässig abgeholt wird. Informieren Sie die Flugbegleiter über den Zustand ihres Passagiers und geben Sie ihnen ebenfalls ein Foto neueren Datums. Stewardessen sind dafür ausgebildet, behinderten Passagieren behilflich zu sein und auf sie zu achten. In späteren Stadien der Krankheit sollte der Patient jedoch immer nur in Begleitung eines Pflegers reisen.

– Es ist von größter Wichtigkeit, daß der Patient und seine Familie alles tun, um sich einen gesunden Sinn für Humor zu bewahren. Es kann zu ziemlich peinlichen Situationen kommen, vor denen auch Sie nicht verschont bleiben werden, und dann werden Humor und die Fähigkeit, darüber lachen zu können, Ihre einzige Rettung sein.

Lachen ist ein ebensolches Ventil wie Schreien, sozial aber wesentlich akzeptabler.

– Erkundigen Sie sich, ob es in Ihrer Nähe irgendwelche Selbsthilfegruppen für Sie, den pflegenden Angehörigen und für den Patienten gibt. Es gibt mittlerweile viele solcher Gruppen für pflegende Familienangehörige, die Ihnen in jeder Phase der Krankheit mit Rat und moralischer Unterstützung zur Seite stehen. Für den Patienten gibt es leider wesentlich weniger Selbsthilfegruppen, auch wenn der Bedarf, die Angst zu teilen und moralische Unterstützung zu finden, ebenso groß, wenn nicht noch größer ist. Sollten Sie in Ihrer Nähe keine Selbsthilfegruppe finden, dann gründen Sie doch einfach selbst eine. Ich habe es getan – und das als Patientin.

Nützliche Adressen

Alzheimer Gesellschaft Berlin e.V.
c/o SEKIS (Raum 2021)
Albrecht-Achilles-Str. 65
10709 Berlin
Frau Soller, Tel. 0 30/8 91 60 96
Di. 14–19 Uhr, Mi. 9–18 Uhr

Alzheimer-Gruppe bei der Beratungsstelle für ältere Menschen und ihre Angehörigen
Martinistr. 29
20251 Hamburg
Frau Maaßen, Tel. 0 40/4 60 21 58
Dr. Mutschler, Tel. 0 40/4 60 21 68

Ärztliche Beratungsstelle für ältere Bürger und ihre Angehörigen
Rüsternweg 26a
22846 Norderstedt
Tel. 0 40/5 25 40 11

Selbsthilfegruppe
Herr Gerdes
Bahnhofstr. 46
21698 Bargstedt
Tel. 0 41 64/22 32 (privat)

Gesprächsgruppe für pflegende Ang. von hilfsbedürftigen alten Menschen, Haus der Familie
Wrangelstr. 18
24937 Flensburg
Tel. 04 61/58 13 48
Herr Johannsen

Alzheimer Gesellschaft
Rotenburg e.V.
Goethestr. 19
27356 Rotenburg/Wümme
Tel. 0 42 61/40 66
Hauspfl. Ver. Herr Storm

Interessengruppe d. Angehörigen von Alzheimer-Erkrankten
Frau Maja Coutelle
Wörtherstr. 45
28211 Bremen
Tel. 04 21/44 70 70 oder
04 21/3 40 31 56
(beim DRK)

Kontaktadresse:
Frau Spenrath
Brucknerstr. 15, App. 102
28359 Bremen
Tel. 04 21/2 38 22 71

Sozialhilfegruppe Oldenburg
Johann Erfeling
Heinrich-Schütte-Str. 89
26123 Oldenburg
Tel. 04 41/3 22 01 oder
Tel. 04 41/50 38 85

Alzheimer Angehörigen Gruppe
Kontakt über: Frau Emken-
Schmidt
St.-Marien-Straße
26169 Friesoythe
Tel. 0 44 91/2 92-0

Alzheimer Gesellschaft
Hannover e.V.
Konstanty-Gutschow-Str. 8
Postfach 61 01 80
30623 Hannover
Tel. 05 11/5 32-31 82/-31 87
Fr. 14–16 Uhr

Angehörigengruppe
Frau Dr. Wilkening
Schleiermacherstr. 19
30625 Hannover
Tel. 05 11/55 44 78

Angehörigengruppe
Frau Liehr
Zimmermannstr. 10
29525 Uelzen
Tel. 05 81/1 61 75

Gesprächskreis pflegender
Angehöriger bei ambet
Ambul. Betreuung hilfs- und
pflegebedürftiger Menschen e.V.
Gerstäckerstr. 27
38102 Braunschweig
Tel. 05 31/7 64 61
Frau Terhürne

Kontakt- und Info-Stelle für
Selbsthilfegruppen im
Gesundheitsamt der Stadt Kassel
Frau Heider
Wilhelmshöher Allee 32a
34117 Kassel
Tel. 05 61/10 49 35

Lötzerich Heinrich
Rohrwiesenstr. 17
34127 Kassel
Tel. 05 61/8 49 30

Ev. Altenhilfe
Gesundbrunnen e.V.
Gerontopsychiatrische
Tagesgruppe:
»Die Brunnenstube«
Brunnenstr. 23
34369 Hofgeismar
Kirchenrat Pfr. Schmidt

Gruppe für Angehörige von
Alzheimer-Patienten
Frau Baum
Quellenstr. 16
34537 Bad Wildungen
Tel. 0 56 21/41 54
Die Gruppe trifft sich im
Treffpunkt e.V.
Hinterstr. 15
34537 Bad Wildungen

Alzheimer Gesellschaft
Düsseldorf-Mettmann
Bergische Landstr. 2
40629 Düsseldorf
Tel. 02 11/28 01-4 60/4 50
Herr Dr. Stuhlmann oder
Frau Engberding
Tel. 02 11/48 33 21

Gesprächskreis für pflegende
Angehörige
DRK Familienbildungswerk
Haus der Familie
Erftstr. 15
47051 Duisburg
Tel. 02 03/33 10 94
Frau Schallenberg

Angehörigengruppe
Lilly Krebber
Brennerweg 23
46446 Emmerich

Alzheimer Selbsthilfegr.
Essen e.V.
c/o »Wiese«
Frau Röder
Pferdemarkt 7
45127 Essen
Tel. 02 01/20 76 76

Alzheimer Gesellschaft
Münster e.V.
Deutsches Sozialwerk
Begegnungsstätte
»Altes Backhaus«
Coerdestr. 36a
48147 Münster
Tel. 02 51/27 42 55
Frau Wessling

Angehörigengruppe für pflegende
Angehörige
Amt für soziale Dienste
Kreis Steinfurt
Tecklenburgerstr. 10
48565 Steinfurt
Tel. 0 25 51/69 28 51
Frau Wiemer

Kontakt- und Beratungsstelle für
Selbsthilfe Emsland
Deutscher Paritätischer
Wohlfahrtsverband
Frau Miethe
Kleiststr. 18
49716 Meppen
Tel. 0 59 31/1 40 00

Alzheimer Gesellschaft
Dortmund e.V.
Frau Römer
Geßlerstr. 14
44141 Dortmund
Tel. 02 31/59 76 45 (abends)

Gruppe pflegender Angehöriger
von Alzheimer-Patienten
Diakonisches Werk
Biesenkamp 24
44575 Castrop-Rauxel
Ansprechpartner:
Brigitte Schmelz,
Harald Elling
Tel. 0 23 05/2 70 21

Alzheimer Gesellschaft
Bochum e.V.
c/o Brückstr. 46
44787 Bochum
Kontakt: Dr. Alexander Neidhard
Tel. 02 34/41 63 16

Psychosoziale Beratungsstelle für
ältere Menschen und deren
Angehörige
Westf. Klinik für Psychiatrie
Agathastr. 1
33098 Paderborn
Dr. Lothar Buddinger
Di. 15-16 Uhr, Fr. 11–12 Uhr
Tel. 0 52 51/2 95-0

Alzheimer Gesellschaft
Bielefeld e.V.
Herr Diekämper
Rappoldstr. 24
33611 Bielefeld
Tel. 05 21/8 43 47

Initiative:
Frau Seidl
Am Haferberg 9
32457 Porta Westfalica
Tel. 05 71/71 05 30

Alzheimer Angehörigen
Selbsthilfegruppe e.V.
Frau Karin Wonderschütz
Danzingerstr. 8
32278 Kirchlengern
Tel. 0 52 23/7 10 11

Alzheimer Gesellschaft Köln e.V.
Selbsthilfetreffen f. Angehörige
von Alzheimer-Patienten und gei-
stig verwirrten Menschen beim
Caritasverband der Stadt Köln
Telegraphenstr. 35
50676 Köln
Tel. 02 21/20 19-2 74
Frau Edelmann
Mo 9–12 Uhr

Selbsthilfegruppen für Angehörige von Alzheimer-Patienten
VHS Aachen
Kaiserplatz 19
52062 Aachen
Tel. 02 41/4 90 09 Frau Reuter
oder Frau Zaunmüller

F.A. und N.A.
Selbsthilfegruppe für Alzheimer-
Kranke
Frau Weide
Kölner Str. 4
57610 Altenkirchen

Alzheimer Gruppe Koblenz
AOK Koblenz
Rizzastr. 11
56068 Koblenz
Tel. 02 61/39 04-118 Herr Gerz
oder Frau Hoppen

Gesprächsgruppe zur Pflege von
Angehörigen
(Schwerpunkt Alzheimer-
Demenzkranke)
Ansprechpartner: Frau Forse
Thyrsusstr. 54
54292 Trier
Tel. 06 51/2 30 35

Alzheimer Selbsthilfegruppe
Wuppertal
Löhrerlen 60
42279 Wuppertal
Frau Blaubach, Tel. 02 02/64 53 70
Frau Dr. Horstig,
Tel. 02 02/72 49 14

Alzheimer Gesellschaft
Siegen e.V.
P.A. Frau Zabel
Birkenweg 18
57234 Wilnsdorf
Tel. 02 71/39 05 21 (Niederdilfen)

Alzheimer Gesellsch.
Offenbach e.V.
c/o Frau Bechthold
Körnerstr. 19
63067 Offenbach
Tel. 0 69/88 55 45

Selbsthilfegruppe Frankfurt
Herr Weis
Altenhainer Str. 29
65779 Kelkheim/Ts.
Tel. 0 61 95/6 20 71

Alzheimer Gesellschaft
Mittelhessen e.V.
Geiersberg 15
35578 Wetzlar
Tel. 0 64 41/4 37 42 oder
4 38 13

Selbsthilfegruppe für Alzheimer-
Kranke
Gesundheitsamt Mainz
Große Langgasse 29
55116 Mainz
Frau Dr. Bernhard
Tel. 0 61 31/20 52 34
und Frau Schneider (Sozialamt)
Tel. 06 31/12-29 22

Selbsthilfegruppe für Alzheimer-
Kranke
IKOS-Informations- und Kon-
taktstelle
Ansprechpartner Frau Wagner
Ludwigstr. 31
67547 Worms
Tel. 0 64 21/85 32 37

Angehörigengruppe Püttlingen
Frau Mathis
Ritterstr. 31
66346 Püttlingen
Tel. 0 68 98/6 64 72 oder
Herr Speicher
Tel. 0 68 98/6 53 25

Alzheimer Ges. Vorderpfalz e.V.
Mundenheimer Str. 239
67061 Ludwigshafen
Tel. 06 21/56 98 60
Herr Dr. Bille, Frau Andres

Zentralinstitut für seel.
Gesundheit
Postfach 12 21 20
68072 Mannheim
Tel. 06 21/1 70 37 21
Herr Dr. Förstel/Frau Geiger-
Kabisch/Frau Breyel

Alzheimer Gesellschaft
Heidelberg
Postfach 1253
69221 Dossenheim
Tel. 0 62 21/86 24 01 oder 1 42 90
Frau Olga Riedinger

Dienste für seel. Gesundheit
Alzheimer Beratungsstelle
Büchsenstr. 34–36
70174 Stuttgart
Tel. 07 11/20 54-3 74
Herr Schwarz
(Informationsstelle für weitere
Gruppen in Baden-Württemberg)

Alzheimer Angehörigengruppe
Böblingen
Staatliches Gesundheitsamt
Parkstr. 4
71034 Böblingen
Tel. 0 70 31/6 26-35 44
Herr Müller

Selbsthilfegruppe für Angehörige
von Alzheimer-Kranken
Gisela Winkel
Mechthildweg 4
71083 Herrenberg
Tel. 0 70 32/2 49 82

Staatliches Gesundheitsamt
Frau Schabel
Goethestr. 2
73525 Schwäbisch Gmünd
Tel. 0 71 71/60 27 41

Alzheimer Selbsthilfe Ostalb
Kontakt- u. Informationsstelle für
Selbsthilfegruppen
Wiener Str. 6
73430 Aalen
Tel. 0 73 61/5 84-1 77
Herr Koeder

Alzheimer Selbsthilfe Ostalb
Herr Below
73479 Ellwangen
Tel. 0 79 61/26 55

DPWV Aktion Altern in
Würde e.V.
Mönchseestr. 43
74072 Heilbronn
Frau Baum, Tel. 0 71 31/6 07 59

Diakoniestation
Moltkestr. 25
74072 Heilbronn
Frau Grete Roßtauscher
Gesprächskreis f. pflegende
Angehörige demenzkranker
Menschen

Selbsthilfegruppe für Angehörige
demenzkranker Menschen
Staatl. Gesundheitsamt Heilbronn
Uhlandstr. 12
74072 Heilbronn
Tel. 0 71 31/54 38 08
Frau Rommel

Selbsthilfegruppe für Angehörige
von Alzheimer-Kranken
Herr Frank Kruse
Schorndorfer Str. 42/2
71638 Ludwigsburg
Tel. 0 71 41/96 05 20

Gruppe von Angehörigen
Alzheimer-Kranker
Sozialpsychiatr. Dienst
Stuttgarter Str. 5b
73033 Göppingen
Tel. 0 71 61/2 10 28

Alzheimer Selbsthilfegruppe
Frau G. Grünwald-Graf
Karl-Adam-Str. 6
72076 Tübingen
Tel. 0 70 71/61 01 73

SOFA - Sozialpsychiatr. Dienst
für alte Menschen
Neckartailfinger Str. 20
**72622 Nürtingen-
Neckarshausen**
Tel. 0 70 22/5 90 91

Angegliedert sind
Angehörigengruppen in:

70771 Leinfelden-Echterdingen
70794 Filderstadt-Bernhausen
73760 Ostfildern-Kemnat
73207 Plochingen
74366 Kirchheim
73235 Weilheim
72622 Nürtingen
72644 Oberboihingen

Alzheimer Angehörigengruppe
Karlsruhe
Kontakt über Ev. Erwachsenen-
bildung
Herr Bauer
Stephanienstr. 100
76133 Karlsruhe
Tel. 07 21/1 67-2 63

Alzheimer Angehörigengruppe
Enzkreis
Landratsamt/Zielgruppen-
beratung
Kronprinzenstr. 16
75177 Pforzheim
Tel. 0 72 31/3 08-3 78
Herr Hübner

Deutsches Rotes Kreuz
Kreisverband Baden-Baden
Rotkreuz-Zentrum
Schweigrother Str. 8
76532 Baden-Baden
Tel. 0 72 21/12 12
Herr Gander

Selbsthilfegruppe für Angehörige
von Alzheimer-Kranken
Ortenau-Kreis
Kolonie 5
77787 Nordrach
Herr Prof. Fischer,
Tel. 0 78 38/6 58
Frau Tiefenbacher,
Tel. 0 78 38/8 22 63

Alzheimer Angehörigengruppe
Singen
Arbeiterwohlfahrt
Bahnhofstr. 22
78224 Singen/Htw.
Tel. 0 77 31/6 70-26/27

Selbsthilfegruppe für Angehörige
von Alzheimer-Kranken
Diakonisches Werk Freiburg
Dreisamstr. 3–5
79098 Freiburg/Br.
Frau Lüchtrath,
Tel. 07 61/3 68 91-0

Alzheimer Gesellschaft e.V.
Frau Dr. Heilmeyer-Kohler
Herr Dr. Kohler
Scheffelstr. 7
79102 Freiburg/Br.

Alzheimer-Selbsthilfegruppe
Diakonische Bezirksstelle
Promenade 26
89073 Ulm/Donau
Tel. 07 31/61 90 71
Frau Irmgard Ebert

Diakonische Bezirksstelle
Biberach
Offene Altenarbeit
Wielandstr. 24
77781 Biberach
Tel. 0 73 51/70 19

Selbsthilfegruppe für Angehörige
von Alzheimer-Kranken
Krs. Ravensburg
Frau Harr
Am Sonnenbühl 18
88326 Aulendorf
Tel. 0 75 25/82 72
(jeden 3. Mi. im Monat
von 18.30–20.30 Uhr)

oder

AOK Ravensburg
Sozialdienst
Welfenstr. 2
88212 Ravensburg
Tel. 07 51/3 71-1 37/1 38

Gesprächskreis für Angehörige
von Alzheimer-Kranken/Boden-
seekreis
Gisela Harr
Am Sonnenbühl 18
88326 Aulendorf
Tel. 0 75 25/82 72
(jeden 3. Mo. im Monat
von 19–21 Uhr)
oder Diakonische Bezirksstelle
Ravensburg
Te. 07 51/30 37

Alzheimer Gesellschaft
München e.V.
Richard-Strauss-Str. 34
81677 München
Tel. 0 89/47 51 85 Frau Rath
Telefonberatung von Angehöri-
gen für Angehörige: Mo. und Do.
15–18 Uhr

Bundesverband Deutscher
Alzheimer Gesellschaft e.V.
Mauerkircher Str. 21
81679 München
Tel. 0 89/98 66 23
Frau Böhm-Volkmann

Angehörigengruppe Wolfratshausen der Alzh. Gesellschaft München e.V.
Frau A. Amberger
Winibaldstr. 15
82515 Wolfratshausen
Tel. 0 81 71/1 76 22

Selbsthilfegruppe in Rosenheim
Ansprechpartner: Pfeifer Kurt
Am Kreuth 17
83043 Bad Aibling

Kontaktadresse:
Frau Steinbacher
Rabenden Forst 7
83352 Altenmarkt/Alz
Tel. 0 86 24/28 20

Selbsthilfegruppe in Pfarrkirchen
Stranzinger Mariele
Willinger Str. 7
84371 Godlsham Post Triftern
Tel. 0 85 61/3 05 15 tagsüber
Tel. 0 85 62/24 65 abends

Beratungsstelle für psychische
Gesundheit
Selbsthilfegruppe
Nikolastr. 12d
94032 Passau
Tel. 08 51/7 10 43 Herr Stadler
Frau Zehner

Kontaktadresse:
Frau Monika Placzek
Thumbacher Str. 42
92655 Grafenwöhr
Tel. 0 96 41/26 70

Alzheimer Gesellschaft
Mittelfranken
c/o Angehörigenberatung
Nachbarschaftshaus Gostenhof
Adam-Klein-Str. 6
90429 Nürnberg
Tel. 09 11/26 61 26
Herr Mückschel
Alzheimer-Telefon jd. Mo. 17–19
Uhr

Angehörigen Selbsthilfegruppe
Rauch Ruth
Destubener Str. 29
95448 Bayreuth
Tel. 0 92 01/7 93 60

Alzheimer Gesellschaft Würzburg
Unterfranken e.V.
Universitätsnervenklinik
Füchsleinstr. 15
97080 Würzburg
Tel. 09 31/2 03-1
Angehörige: Frau Einwag
Tel. 09 31/88 42 72
SHG über IKOS im Rathaus
Frau Monath
Tel. 09 31/3 74 68

Informations- und Beratungsstelle
Altenhilfe/Caritasverband
Auf dem Kreuz 41
86152 Augsburg
Tel. 08 21/31 56-2 31
Frau Grundner

Gruppe für Angehörige
demenzkranker Menschen
Sr. Karin Großmann
Ambul. Kranken- und
Altenpflege e.V.
Marienstr. 3
86415 Mering
Tel. 0 82 33/9 22 88

Diakonisches Werk
Rheineckstr. 45
87700 Memmingen
Fr. Zettler-Brentrop
Tel. 0 83 31/75 80

Angehörige pflegen Angehörige
Angehörigengruppe
Soz. Beratungsstelle d. BRK-
Kreisverbands Unterallgäu
Landsberger Str. 5
87719 Mindelheim
Tel. 0 82 61/31 93 oder
Tel. 0 82 61/40 22 Herr Riker

VITA - Ostallgäuer
Angehörigeninitiative zur
Förderung verwirrter alter
Menschen e.V.
Frau Berndt, Herr Vater
Radlerstr. 70
87600 Kaufbeuren
Tel. 0 83 41/6 62 13

Gruppe für pflegende Angehörige
psychisch erkrankter alter
Menschen
Bezirkskrankenhaus Kempten
Freudental 1
87435 Kempten
Tel. 08 31/2 60 95 Frau Birke
Herr Stadler

Gerontopsychiatrische
Beratungsstelle
Haus der Senioren
Schützenstr. 2
87435 Kempten
Tel. 08 31/1 83 22

Gruppe für Angehörige von
Demenzkranken
in Lindau e.V.
Sozialstation
Leiblachstr. 13
88131 Lindau/Bodensee
Tel. 0 83 82/7 90 88 Frau Krieger
Frau Goedecke

Kontaktadresse:
Frau Marie Werner
Riedholz 57
88167 Maierhöfen
Tel. 0 83 83/75 86

Neue Bundesländer:
Alzheimer Angehörigengruppe
c/o AOK Brandenburg
Frau Pfeil
Karl-Marx-Str. 14
01178 Fürstenwalde
Tel. 0 33 61/29 85

Gesundheitsamt
Sozialpsychiatrischer Dienst
Frau Labowski/Frau Mestinkat
Buschstr. 4
14712 Rathenow
Tel. 0 33 85/22 05

Kontaktadresse:
Herr Dr. med. Brämer
Gerhart-Hauptmann-Str. 16
39108 Magdeburg
Tel. 03 91/3 21 77

Alzheimer Initiative
Dresden
Kontakt über:
St.-Marien-Krankenhaus
(Dr. Sonntag, Frau Schuberth
Herr Endres)
Stendaler Str. 22–24
01109 Dresden
Tel. 03 51/58 31 57

LebensLinien

**Erfahrungen,
die uns berühren.
Bücher,
die Mut machen.**

Knaur®
Laura Palmer
Richard Berendzen

LebensLinien

Sie rief mich
immer zu sich

Die Geschichte
eines mißbrauchten Sohnes

Knaur®
Joyce
Wadler

LebensLinien

Einschnitt

Mein Leben mit Brustkrebs

Knaur®
Deric
Longden

LebensLinien

Dianas
Geschichte

Das Sterben meiner
Frau

Knaur®
Hannelore
Holtz

LebensLinien

Schatten
auf der Seele

Mein Mann ist
depressiv

Knaur®
Christine
Preiherr

LebensLinien

Der Tod
ist ein Traum

Vier Jahre mit
einem Fixer